Titelbild: >MONDPRINZ< von Ilona Waldera

Copyright 2012
Herstellung und Verlag:
BoD – Books on Demand, Norderstedt
ISBN 978-3-8391-4534-0

HERR IK, BITTE 10 x NIXDA!

EINE KULINARISCHE REISE
DURCH DIE GALAXIS

von Ilona Waldera

EINE ÜBERLEGUNG VORWEG ....

Haben außerhalb unserer Milchstraße ansässige Firmen – zumindest hin und wieder – Absatzprobleme? Sind ihre Produkte den unseren gewachsen, was Qualität und Geschmack anbelangt?

Ja, sie haben.
Ja, sie sind.

Letzteres allerdings erst, seit Herr Ik sich eingeschaltet hat. Äußerlich unscheinbar, innerlich hoch motiviert. Ein Vertreter, der die Schule des Verkaufs an der Türschwelle souverän beherrscht. Er sagt 10 x NIXDA und bietet seinen Kunden exquisite Köstlichkeiten, die nachzukochen sich lohnt. Wer immer über die Erde rennt, im Wasser paddelt oder in der Sphäre schwebt, erliegt diesen Werbeversprechungen: NIX lässt Depressionen verschwinden, die Oktoberrevolution vergessen, Marilyn-Monroe-Fans ans Ziel ihrer Träume gelangen und

Wasserplaneten-Ureinwohner zu schwimmenden Inseln verschmelzen.

Natürlich verlangt so viel Einsatz von Seiten eines Herrn Ik gebührenden Lohn. Denn auch auf der Venus gilt das Leistungsprinzip, Madame Mishkutjonok sei Dank. Allerdings verläuft die Ehrung in der Werkskantine der NIXPLANETENGMBH & COKG anders als erwartet. Herr Ik sieht Sterne. Und die Frau, mit der er gemeinsam die nächsten 100 bis 200 Lichtjahre verbringen will. Mit gutem Appetit.

Auf alles.

DIE GANZ VORZÜGLICHEN NIXDA-REZEPTE ERSCHEINEN IN DIESER REIHENFOLGE

Nasi Goreng

Honigpunsch und Eierlikörmilch

Tournedos

Kreolische Eier

Gefüllter Fisch

Wiener Tafelspitz

Artischocken

Rehrücken kalt

Orangenwaffeln und Sahnewaffeln

Langustenschwänze Parisienne

INHALT

1. Teil:

Herr Quetzelcotl leuchtet nicht vergebens

„Der Markt stagniert, meine Herren. Die letzten Verkaufsergebnisse sind mehr als besorgniserregend." Der Vertriebsleiter für das Gebiet Venus Unterirdisch I-III zog betrübt die Stirn in Falten. Er tunkte den 22 Zentimeter langen Zeigestockfinger in das eigens hierfür deponierte Fässchen mit Leuchtfarbe, bevor er sich wieder der Schautafel zuwandte. Sie zeigte eine Kurve die tief, tiefer und noch viel tiefer abfiel. Der Leuchtzeigestockfinger klopfte eindringlich auf dem Wort herum, das ganz oben auf der Tafel stand: NIXDA.

„Unser Produkt", kommentierte er überflüssigerweise und ließ den Finger auf die Wörter darunter gleiten: DAS SPITZENPRODUKT AUS DEM HAUSE NIX – BELIEBT UND BEGEHRT IN DER GANZEN GALAXIS. Der Zeigestockfinger verharrte einen Moment und machte sich dann auf die traurige Talfahrt nach unten, immer der Linie >Verkaufszahlen< entlang.

Herr Quetzelcotl zog den leuchtenden Finger wieder ein. Der wurde durch seinen Leuchtblick, Intensivstufe, ersetzt, ausgelöst durch ein energisches Augendeckelklappern. Er musterte seine versammelten Außendienstler mit einer Mischung aus Sorge und Enttäuschung. „Soll das so weitergehen, frage ich Sie?! Sollen wir weiter in Ruhe zusehen, wie unsere Firma in den

Ruin treibt?! ------ Sollen, ja müssen wir nicht alles daransetzen, um dies zu verhindern?!"

Herr Quetzelcotl richtete sich zur ganzen imposanten Größe auf, wobei er, zugegebenermaßen, den Druck in seinen Gummifüßen erhöhte. Was ihm lockere 2,8 Meter mehr bescherte.

„Unser Produkt hat alle Qualitäten in sich vereint: Es ist absolut geruchs- und geschmacksfrei. Es ist unproblematisch in der Lagerung, da gestaltlos und unsichtbar. Es ist vollkommen unschädlich, da 100%ig unwirksam. Von Medizinern und Nichtmedizinern gleichermaßen empfohlen, Sieger sämtlicher intergalaktischer Warentests." Erneutes Augendeckelklappern. Nun war Herr Quetzelcotl in der Lage, die Zuhörer mit einem durchdringenden

Röntgenblick zu taxieren. Was zur Folge hatte, dass die gesamte erste Reihe unruhig auf den Stühlen herumrutschte.

„Und trotzdem, meine Herren, verkaufen Sie nichts. Wa-rum???"

Räusper- und Husteltöne wurden hörbar. „Warum?" wiederholte der Vertriebsleiter Venus Unterirdisch I-III geduldig.

Herr Tum meldete sich zu Wort. Er hatte gerade ein Fortbildungsseminar absolviert und war glücklich, einen Teil des erworbenen Wissens zum Besten geben zu können. „Wir sollten unser Produkt neu gestalten und umbenennen", zirpte er. „Der Kunde wünscht Neuerungen."

Sein Vorgesetzter winkte müde ab: „Hatten wir alles schon. Noch vor einem Lichtjahr haben wir unser Produkt unter dem Namen NIXDORT vermarktet. Da Sie, Herr Tum, zu den Jüngsten unseres Verkaufsteams gehören, und da Sie sich allem Anschein nach nicht mit unserer Firmengeschichte vertraut gemacht haben .....", Herr Quetzelcotl ließ eine wirkungsvolle Pause im Raum stehen, damit alle Anwesenden Gelegenheit hatten zu beobachten, wie Herr Tum sich sanft von Badekachelweiß zu Schamrosa verfärbte, „.....ist Ihnen entgangen, dass wir daraufhin Unsummen von Flockis für Marktanalysen und PR-Beratungen ausgegeben haben. Namhafte Experten in- sowie fremdländischer Planeten haben uns geraten, den Produktnamen von NIXDORT in NIXDA zu ändern. Diese Maßnahme wurde von einer imposanten Werbekampagne flankiert. Und was, meine Herren, war das Ergebnis?"

Der Leuchtblick, Intensivstufe, glitt über die birnenförmigen Köpfe. „Null! Null! Null!", schrie er hinaus. „Demgegenüber musste im Lichtjahr 18394 allein im Werbesektor ein Minus von 17 Tonnen Flockis verbucht werden", fügte er leicht ermattet hinzu.

Herr Tum hatte sich diskret in seinen Metallkragen zurückgezogen. Das heißt, er hatte die Birne so gut es ging eingefahren. Nur das grüne Haarbüschel signalisierte seine Anwesenheit.

Der Vertriebsleiter fasste es scharf ins Auge: „Soviel zu Ihrem Vorschlag, Herr Tum." Dann wandte er sich wieder der abgrundtief traurigen Umsatzkurve zu. „Wie können wir das Fiasko stoppen, meine Herren? – Ich bitte um Vorschläge."

Die Birnen bewegten sich in einem plötzlichen Anflug von Geschäftigkeit auf und ab und hin und her. Die Herren Außendienstmitarbeiter, allesamt Verkaufsrepräsentanten der Firma NIX, murmelten und brabbelten für sich. Und miteinander, und gegeneinander, und erweckten damit den erwünschten Eindruck von reger Gedankenarbeit. Herr Quetzelcotl war nicht nur durch diverse Führungsseminare, sondern auch durch eigene Erfahrung gereift genug, um sich davon nicht beeindrucken zu lassen. Er gab seiner dritten Hand Befehl, ungeduldig auf das Pult zu trommeln. „Ich warte", summte er.

Die Birnen ließen von ihrem geschäftigen Tun ab und verharrten in einer angespannten Position. Jeder im Raum fühlte, wusste es: Es musste unbedingt etwas geschehen!
Das Fingergetrommel steigerte sich, die Spannung schwoll an. Wie ein prall gefüllter Ballon schwebte sie bis zur Decke. Gleich würde

sie platzen. Ein schrecklicher Gedanke für einen Venusianer, dem nichts lieber ist als Ruhe, Ruhe und nochmals Ruhe.

Da entschloss er sich einzugreifen.

„Darf ich, bitte?" ließ Herr Ik seine näselnde Stimme vernehmen und freute sich, dass er sowohl bescheiden, als auch bestimmt klang. 677 Birnenköpfe, inklusive dem von Herrn Quetzelcotl, drehten sich ihm zu. Herr Ik füllte seine Blasebalgorgane mit Luft und begann: „Wenn Sie, verehrter Herr Quetzelcotl, und Sie, verehrte Kollegen, es gestatten, werde ich Ihnen meine ganz private Theorie und Meinung zum Themenkomplex NIXDA darlegen."

Während Herr Ik zum zweiten Satz ausholte, gestattete er sich einen kurzen Blick auf seinen

Vorgesetzten. Ja, er lächelte ihm aufmunternd zu! In diesem Moment glühte Herr Ik innerlich vor Glück und vor Eifer. Und dem brennenden Wunsch, seine Firma, die NIX PLANETENGEMBH & COKG, vor dem Untergang zu retten.

Er hatte irgendwo einmal gelesen, dass Helden über eine tiefe, feste Stimme verfügen. Also näselte er eine ganze Oktave tiefer als es seiner Stimmlage entsprach weiter in seiner Rede.

„Wir sind mit Recht stolz darauf, dass unser Produkt absolut unwirksam, geruchs-geschmacksfrei und unsichtbar ist. Eigenschaften, die alle Konsumenten unserer Milchstraße zu schätzen wissen. Seit unserer Firmengründung zum Zeitpunkt des Urknalls.

Und das, werte Herren Kollegen, ist der Punkt."

Herr Ik setzte sich wieder und genoss die atemlose Stille. Sollten die anderen, Herrn Quetzelcotl eingeschlossen, jetzt erst einmal nachdenken. Er, Herr Ik, hatte die Antworten auf eventuelle Fragen sowie den Rest seiner Rede abrufbereit im Reservekästchen seines Großhirns gespeichert. Und er braucht nicht lange zu warten.

„Was´n für´n Punkt?", quiekte der wabbelige Herr Pyr, von dem alle, aber auch wirklich alle wussten, dass er nur aufgrund einer weitläufigen Verwandtschaft mit dem Sekretär der Premierministerin bei NIX unter Vertrag war. Der Vertriebsleiter wiederholte die Frage des Herrn Pyr, allerdings in einwandfreiem Venusisch: „Was für ein Punkt, Herr Ik?"

699 rote Augenpaare ruhten auf ihm, als er sich erhob und näselnd, tief und fest als möglich, in seiner Rede fortfuhr: „Ich meine damit, dass das schon immer so war, und dass alles, was immer so ist wie es war, oder auch umgekehrt, mit der Zeit langweilig wird. Zwangsläufig. Da kann das Produkt noch so gut sein. Ich, ähm, erlaube mir daher die Überlegung, ob es nicht angebracht wäre, mit, ähm, dem Althergebrachten zu brechen. Gewissermaßen neue, revolutionäre Wege zu gehen."

„Sie meinen .... Sie sind doch nicht tatsächlich der Ansicht, dass.............."

Herr Quetzelcotl lockerte seine Krawatte, um frei zu sein für die neuen, Bahn brechenden Gedanken, die da auf ihn einströmten. Ausgerechnet von dieser Null, Herrn Ik. Oder hatte er das Talent seines Untergebenen die ganzen 59302 Jahre, einschließlich der

200jährigen Probezeit, einfach nur übersehen? Egal, er fühlte sich bereit, sich dieser Herausforderung zu stellen. War er denn nicht der Prototyp des jungen, dynamischen Vorgesetzten?! Natürlich war er. „Sie meinen also, dass man ein Produkt auf den Markt werfen sollte, das stofflich ist und nach etwas schmeckt???"

Herr Ik nickte. Schlicht, aber bestimmt. Wie ein Held eben nickt. „Genau. Dabei brauchen wir nicht einmal etwas Neues zu entwickeln. Wir reichern einfach unser Produkt mit bestimmten Stoffen an, verbinden es mit diversen Elementen und ……. Fertig!!!" Er zog eine Augenbraue in die Höhe, um seinem Blick etwas Verschwörerisch-Neckisches zu geben. „Selbstverständlich wäre es vonnöten, die unterschiedlich gelagerten Mentalitäten und

Vorlieben der einzelnen planetaren Rassen zu berücksichtigen. Ich meine, wenn ich mal ein Beispiel geben darf, dass die Uraner nur über einen Rüssel als Mundöffnung verfügen und daher wohl dünnflüssiger Materie als Nahrung den Vorzug geben. So wie sie mir überhaupt als die idealen Konsumenten für alles Süße und Klebrige erscheinen. Dagegen verfügen die Merkurianer, wie uns allen bekannt ist, über Säbelzähne. Diese anatomische Eigenheit wird sie für bissfeste Nahrung empfänglich machen." Herr Ik blickte auf eine Woge nickender Birnen. „Habe ich mich ver....."

„Ja, Sie haben sich verständlich genug ausgedrückt", schnarrte sein Vorgesetzter. „Wir sind ja keine Idioten, oder?!" Es schien Herrn Quetzelcotl an der Zeit, die Sache selbst in die Hand zu nehmen. Gleich morgen würde er mit dem neuen Konzept zur NIX-Königin gehen, zur Firmenchefin Madame Mishkutjonok persönlich. Die Arbeitsroboter würden heute Nacht eine Sonderschicht einlegen, notfalls zum Androidentarif und mit Spesenzulage, schnurzpiepegal, und ihm ein Programm auswerfen, an dem nichts zu rütteln war: Die feinsten und besten Geschmacks- und Stoffvariationen unter Einbeziehung aller physischen und psychischen Besonderheiten der Bewohner der gesamten Galaxis! Eine völlig neue Dimension, NIXDA zu präsentieren. Überall.

Püüühhh... Herr Quetzelcotl hatte durch das Krawattenknotenlösen nun zwar einen äußerlich befreiten, durch die innere Erregung jedoch nach wie vor zugeschnürten Hals. „Meine Herren", krächzte er, „ich bin stolz darauf, dass in unserer

Abteilung, Venus Unterirdisch I-III, solch ein konstruktiver Gedanke gereift ist. Wir werden ihn ausarbeiten, verfeinern und in die Tat umsetzen. Wir werden unsere Musterkoffer neu bestücken und ausströmen in alle Richtungen des Universums. Wir werden verkaufen, verkaufen und nochmals verkaufen!!!"

2. Teil:

NIX schmeckt nach Banane
und befreit von Depressionen

Die Landung war so sanft, dass weder seine Bügelfalten, noch seine Turbofönfrisur gelitten hatten. Herr Ik rollte die linke Socke herunter, drückte auf die >Beam-Stopp-Taste<, rollte die Socke wieder hoch und guckte sich um.

Aha, so sah es also aus auf der Erde: Betonklötzer, Asphaltstraßen, Fabrik- schornsteine, Leuchtreklamen, Automobilstaus, Imbissbuden und Warenhäuser.

Nicht übel, alles in allem. Das Einzige, was hie und da störte, waren grüne Stängelchen, die sich zwischen Betonplatten mühsam ans Licht quetschten. Und dann noch diese deformierten braunen Masten mit grün-gelben Blättchen dran. Herr Ik steckte fragend den Finger ins Ohr, um die entsprechenden Informationen abzurufen. Aha, es handelte sich also um Gras und um Bäume.

Abscheulich, doch zum Glück nur noch vereinzelt vorhanden und schnurstracks auf dem Weg ins Reich der Fossilien.

Herr Ik pfiff vergnügt ein Liedchen – bei schärferem Hinhören als alte Venusianische Volksweise zu erkennen – und schritt direkt auf einen Betonklotz zu. Mit der Linken den Musterkoffer fest umklammernd, drückte er mit der Rechten auf einen der Klingelknöpfe. >Schnarrenberger< stand daneben. Aber es hätte genau so gut der Knopf mit dem Namenszug >Müller<, >Meier<, >Koslowski< oder >Tsatsaronis< sein können. Egal, es waren alles potentielle Kunden der NIX PLANETENGMBH & COKG.

Während Herr Ik noch darüber sinnierte, wie unpraktisch es doch war, nur zwei Arme plus Hände zur Verfügung zu haben, ertönte ein Summen an der Glastür. Der Erdling Schnarrenberger gewährte ihm ohne längeres Vorgespräch Zutritt zu seinem Wohnbereich. Ein geschulter Verkäufer wie Herr Ik es war wusste sofort, dass das Geschäft damit schon so gut wie im Sack war. Als er den Fahrstuhl verließ und sich vor der Schnarrenbergerschen Tür postierte, trug Herr Ik sein charmantestes Lächeln im Gesicht.

„Kannst reinkomm´, die Tür is offen!", tönte es ihm entgegen. Herr Ik kam dieser freundlichen Aufforderung nach und fand sich in einem ziemlich hässlichen Raum wieder, der nur durch das antike TV-Gerät in der Ecke als Wohnzimmer zu identifizieren war.

„Hä-em", räusperte er sich, da Herr Schnarrenberger nicht die geringsten Anstrengungen unternahm, seinen Besucher vom Planeten Venus zur Kenntnis zu nehmen. „Em-hä", versuchte er es jetzt andersherum. Das funktionierte. Herr Schnarrenberger hob den Kopf und schenkte ihm ein zunächst müdes, dann erstauntes Augenblinzeln.

„Wer sind SIE denn?"

Herr Ik war schon im Begriff die Hacken zusammenzuknallen und Haltung anzunehmen, als ihm wieder einfiel, dass er sich ja auf dem blauen Planeten befand. Das Hackenzusammenknallen und Haltungannehmen hatte er sich während seiner Außendienstjahre auf Merkur angewöhnt und immer noch nicht ganz abgelegt. Es war eine schlichte Begrüßungsformel, derer sich die Merkur-Bürger bedienten; weiß der Himmel wo sie die herhatten. Hier, so mutmaßte Herr Ik, würde er damit auffallen, wahrscheinlich unangenehm. Seiner gespeicherten Information nach musste man hier dem Gegenüber eine oder zwei verfügbare Hände entgegenstrecken. Dann die gegnerische Hand sanft ergreifen und mehrmals auf und nieder schütteln. Danach einfach loslassen.

Herr Ik streckte also seine erste Hand aus, derweil er die zweite (an seiner rechten Schulter installiert) lose herunterbaumeln ließ. Die dritte hatte er daheim schon abgeschraubt und irgendwo im Badezimmer liegenlassen. Hier, auf der Erde, hätte sie seine künftigen Kunden nur irritiert.

„Gestatten, mein Name ist Ik. Ik von der NIX PLANETENGMBH & COKG, Repräsentant des völlig neuartigen, sensationellen Produkts NIXDA. Wenn ich Ihnen vielleicht hier anhand unserer Broschüre.....“

„Hä???“

„..... unserer Broschüre >Für immer glücklich mit NIX durch NIXDA.....“

„Hä???“

„Wie meinen?!" Dieser Schnarrenberger brachte ihn mit seinen vielen Hä´s ganz aus dem Konzept. Waren diese Erdlinge alle so dämlich, oder hatte er nur ein besonders begriffsstutziges Exemplar erwischt? Sei´s drum, er würde damit fertig werden. Ein Vertreter, der was von seinem Job versteht, gibt nicht auf. Der bleibt dran wie ein Pluto-Terrier , beißt sich fest und lässt erst los, wenn der Kaufvertrag unterschrieben ist.

"Sie sehen so überrascht aus, Herr Schnarrenberger. Hatten Sie jemand anderen erwartet?"

Der so Angesprochene erhob sich von einem Sitzmöbel, das sich bei näherem Hinsehen als Koffer entpuppte. Er fuhr sich mit den Fingern durch das teils pink-, teils grünfarbene Haar-------
(Grün? Warum Grün? Herr Ik hatte sich extra für

diesen Einsatz das naturgrüne Haar braun färben lassen. – Saßen denn in der Venus-Info-Abteilung nur Idioten herum? Oder hatten die ihm so zum Spaß eine falsche Auskunft gegeben? Jedenfalls würde er sich höheren Orts darüber beschweren. Sapperpapperlott nochmal! – Ob sein Friseur diesen blöden blumenpottbraunen Ton wieder rausbringen konnte, ganz ohne Rückstände? Was das wohl kosten würde???)--und nickte schwer. „Ja, hatte ich."

„Darf man fragen wen?"

„Auf jeden Fall keinen Vertreter."

„Aha."

„Aha." Herr Schnarrenberger hatte die Impertinenz, das hohe Ik'sche Näseln nachzuahmen. Gar nicht mal schlecht. „Haben Sie etwas gegen Vertreter?"

Herr Schnarrenberger fasste ihn einen Moment lang scharf ins Auge. Allem Anschein nach fiel die Prüfung für Herrn Ik ganz passabel aus, denn nun lächelte Herr Schnarrenberger. Er wies ihm mit einer gekonnt legeren Geste einen Sitzplatz auf einer Art Gartenliege zu. „Nee, ich hab nix gegen Vertreter. Wieso auch. Die schleppen sich für das bisschen Kohle von Tür zu Tür und reden sich nen Wolf. Bloß um die fernsehmüden Muttis aufzumuntern. Eh, Mann, wollte dich echt nich blöd anmachen. Bin nur nich gut drauf heute. Weil..."

Er stockte in seiner anmutigen Rede und griff zu einer Bierdose, die – hübsch aufgereiht mit cirka 10 Kollegen – auf dem Fensterbrett stand. Ein energischer Druck mit dem Daumen, und ein Schwapp Gerstensaft schäumte sich seinen Weg ans Licht. Er reichte die Dose an Herrn Ik weiter und nahm sowohl seine angefangene Bierdose, als auch seine Rede wieder auf. Allerdings kam er nicht weit damit. „Weil… Is ja auch egal."

Wenn etwas einen guten Vertreter ausmacht, dann ist es die Gabe, im richtigen Moment den Mund zu halten und dem Kunden inbrünstig zuzuhören. Herr Ik hielt sich an diese Regel, die vor vielen, vielen Lichtjahren von Madame Mishkutjonok persönlich aufgestellt worden war und seitdem auf einer 24karätigen Goldtafel als eine von >100 Goldene Regeln für den erfolgreichen   NIX-Verkäufer<   in   der Empfangshalle der Venus-Verkaufszentrale hing. Sie hatte sich immer als nützlich erwiesen. Genau wie die anderen 99 Goldenen Regeln, die sich mit Aussehen und Auftreten der NIX-Aussendienstler befassten; vom dezenten Grau der Socke über die Stärke des Händedrucks bis hin zur Optimismus und Kauflust fördernden Musterung der Krawatte. Madame Mishkutjonok sagte ihren Mitarbeitern bestimmt nicht alles, was sie wusste. Aber was sie ihnen sagte, das wusste sie bestimmt. Einer der Gründe, weshalb sie die unumstrittene Königin der NIX PLANETENGMBH & COKG war.

Das   Schweigen   lohnte   sich.   Herr Schnarrenberger stieß erneut einen Seufzer aus. Dann plapperte er los: „Sie ist ja jetzt eh weg. Aus und vorbei. Wahrscheinlich besser so. Irgendwie passten wir doch nich zusammen. Hat sie jedenfalls behauptet. Unlogisch, total unlogisch, aber Sie wissen wohl selber wie die Frauen sind, und wahrscheinlich interessiert Sie die Story nich weiter, oder?"

Das „oder" klang dermaßen hoffnungsvoll, dass Herr Ik nur ein väterliches „Aber ja doch, selbstverständlich interessiert mich das", nachschieben musste, um die Sprachlawine ins Rollen zu bringen.

Herr Schnarrenberger erzählte und erzählte und erzählte. Herr Ik streckte sich auf der Gartenliege aus, streifte die Schuhe von den graubesockten Füßen (wobei er sorgsam darauf achtete, die >Beam-Start< und die >Beam-Stopp< Tasten nicht zu berühren), nuckelte an seinem Bier und hörte zu.

Es war die uralte Geschichte: Mann liebt Frau, Frau liebt Mann auch ein bisschen, dann immer weniger, findet schließlich, dass er im Vergleich zu anderen eine Flasche ist, packt alles zusammen und trollt sich. Mann bleibt verdattert zurück und schmollt. Eben eine Geschichte, wie sie sich so oder in kleinen Variationen an jedem Tag, in jeder Stunde trillionenfach abspielt. Herr Ik hätte sie vor- und rückwärts jodeln können. Vielleicht auch, weil er sie selbst verdammt ähnlich erlebt hatte. Damals, mit der schönen Isabella vom Marsberg.

Das Bier war am Ende, Herr Schnarrenberger zum Glück auch. „Und sie hat tatsächlich alles mitgenommen: die Teppiche, die Möbel, die Stereo-Anlage. War fast neu. Nur den Fernseher hat sie mir gelassen, pah, is ja auch nur mit 45er

Bildschirm, bitte, ich häng nich an dem ganzen Kram, das Materielle is mir eh wurscht, ich meine, ich bin eher intellektuell veranlagt, aber das wissen Frauen eben nich zu schätzen, die sind konsum-orientiert, die glühen gleich vor Begeisterung, wenn sie an nen Typen geraten, der nach Geld stinkt, und so einer bin ich nich, ich..."

OHA!

Das war ein Punkt, an dem Herr Ik unbedingt nachhaken musste, wenn er seine kostbare Arbeitszeit nicht umsonst verschwenden wollte.

„Äh, pardon, Sie meinen, Sie haben überhaupt kein Geld da? Egal welche Währung? Rein gar nichts???"

„Doch."

Herr Schnarrenberger schickte sich an, ein frisches Bier zu holen. „Bin doch nich blöder als ich aussehe, haha. Das, was nich in die Haushaltskasse ging, habe ich sicher verwahrt." Er klopfte auf eine Ausbuchtung in seiner Gesäßtasche.

Herr Ik unterdrückte ein Aufatmen und gratulierte insgeheim sich und Herrn Schnarrenberger zu der Dame, die so großzügig war, auf einen Teil des Bargeldes zu verzichten. Seine Isabella vom Marsberg war da bedeutend konsequenter gewesen. Er erinnerte sich schwach, dass ihm damals nur die Unterwäsche sowie ein aufgetragener Anzug geblieben waren. Nun ja, Isabella hatte mehrere Brüder zu versorgen, die unglücklicherweise über dieselbe Konfektions- größe wie er verfügten.

Herr Schnarrenberger hatte seine depressive Phase überwunden und grinste ihn an: „Sie können versuchen, mir Ihr Zeugs anzudrehen, was immer es auch sein mag."

So nicht, mein Gutester! Herr Ik setzte ein beleidigtes Gesicht auf, griff zu seinem Musterkoffer und spulte die Tut-Mir-Leid-Dann-Muss-Ich-Wohl-Gehen-Nummer ab. Er kam gar nicht erst zur Tür.

Mit einem hingenuschelten „Mann, is ja gut" versperrte Schnarrenberger ihm den Weg. „Kann allerhand brauchen, wie Sie sehen. Also zeigen Sie mal her."

Das war's. Das war die richtige Basis für ein fruchtbares Verkaufsgespräch. Der Kunde gierte danach, das Produkt kennen zu lernen. Und Herr Ik hatte Mitleid mit ihm. So viel, dass er sich wieder setzte, das Musterköfferchen neben sich platzierte und sein Schloss aufschnappen ließ. Ein wildes Durcheinander von Aluminiumröhrchen wurde sichtbar. Alle weiß, mit der Aufschrift >NIX. AUS DEM HAUSE N.<

„Ach, Sie verkaufen Pillen?" Herrn Schnarrenbergers Stimme ließ jeden Enthusiasmus vermissen.

„Nicht direkt. Unser Produkt ist dermaßen ausgereift transparent, dass es nicht komprimiert werden muss."

„Eine Art Sirup etwa?"

„N-nein, so kann man es nicht formulieren. Es handelt sich eher um eine immaterielle Substanz."

„Sagen Sie bloß, da is Gas drin in den Röhrchen? Lachgas, vielleicht?" Herr Schnarrenberger kräuselte die Stirn, ließ die Mundwinkel hängen und dämpfte die Stimme: „Irgendwas in der Art, äh, ja, würde mir gut tun, echt. Ich glaub nämlich, ich hab Depressionen. Ich finde das ganze Leben zum..."

„Nun, mein lieber Herr Schnarrenberger, da haben wir doch schon d a s Mittel für Sie. Hier!" Her Ik hielt triumphierend eins der Röhrchen in die Höhe.

„Hm. Was is´n das, Nixpunkt???"

Herr Ik setzte geduldig zu einer Erklärung an: „NIX –Punkt ist die verkürzte Form für NIXDA, will heißen, NIX plus Punkt gleich NIXDA, und N plus Punkt gleich NIX.- Das ist doch ganz einfach, Herr Schnarrenberger, finden Sie nicht?"

Der so Angesprochene nickte artig wie ein Kindergartengänger auf die Warst-Du-Auch-Schön-Artig-Frage vom Nikolaus. Aufgeklärt wirkte er allerdings nicht. Herr Ik seufzte. Anscheinend musste man die Kunden vom Blauen Planeten nach der Methode BBABBA behandeln. Das war die, die für die Schaumstoffbällchen von Flutz und die Kulleräugler von Guck üblich war. Na ja, ganz so schlimm war es wohl doch nicht, denn sein Kunde stand tatsächlich unter einem emotionalen Schock.

Frauen.

Klar. Der glasige Schimmer in seinen Augen, das Zittern in seiner Stimme und die angekauten Fingernägel signalisierten dem aufmerksamen Betrachter sofort: Bin ich nicht tapfer?! Dabei geht es mir dreckig! Willst du mich nicht bedauern?!

Ja, das war die Vorstufe zu einer 1A-Depression und damit die beste Voraussetzung für die erfolgreiche Verabreichung von NIX. Herr Schnarrenberger machte sich wieder an einer Bierdose zu schaffen.

„Sie sollten nicht so viel Alkohol trinken, das hilft Ihnen in Ihrer jetzigen Situation nicht weiter." Mit einem milden Lächeln im Gesicht nahm Herr Ik ihm die Dose ab. „Erzählen Sie mir lieber, was Ihnen am besten schmeckt."

„Banane. Banane und Krabben." Er überlegte einen Moment angestrengt. „Also Banane hundertprozentig, Krabben mit etwas Abstand gleich dahinter."

„Herr Schnarrenberger, ich kann Ihnen hier verraten, dass ich mehrere Jahre als Hilfskrankenpfleger gearbeitet habe und …….. (er senkte seine Näselstimme bedeutungsschwer einige Grade ab) …… in erster Ehe mit der Sprechstundenhilfe eines Psychoanalytikers verheiratet war. Ich kann also mit Fug und Recht behaupten, medizinisch gebildet zu sein. Herr Schnarrenberger, Sie sind tatsächlich depressiv gefährdet, wenn Sie nicht sofort etwas unternehmen."

„Ja?" Angstvoll fragend.

„Ja!" Sicher bestimmend.

„Gegen aufsteigende Depressionen hilft nur eins: NIX! Vergessen Sie alles andere, NIX hilft wirklich. Und es schmeckt nach Banane." Herr Ik strahlte das Strahlen seines Lebens, doch sein Kunde blieb zögerlich.
„Schmeckt nach Banane?"

„Natürlich nach Banane. Man kann allerdings auch einen feinen Krabbengeschmack feststellen, aber in erster Linie schmeckt es doch nach Banane."

„NIX schmeckt nach Banane und ist gut gegen Depressionen. Ehrlich?"

„Wenn ich es Ihnen doch sage, Herr Schnarrenberger. Ich werde Ihnen gleich eine

Portion verabreichen, damit Sie sich überzeugen können. Dann können Sie immer noch entscheiden, ob Sie die einfache Dreierpackung oder das supergünstige Dreißigerpack nehmen wollen, ersteres à 10 Flockis, letzteres à sage und schreibe nur 100 Flockis! Er ergriff den Musterkoffer und schaute sich demonstrativ um. „Wo, bitte, ist die Küche?"

„Da." Herr Schnarrenberger wies mit dem angekauten Finger geradeaus. „Versprechen Sie sich nicht zu viel davon, der Kühlschrank ist leer."

„Aber, aber, Herr Schnarrenberger, wer wird denn so pessimistisch sein! Setzen Sie sich gemütlich hin und lassen Sie mich machen. Dann werden Sie erkennen, dass unser Firmenmotto >NIX HILFT – AN JEDEM TAG –

AN JEDEM ORT< mehr als ein Versprechen ist."
Mit diesen windschnittigen Worten verschwand
der Außendienstmitarbeiter von Venus
Unterirdisch I-III hinter der mit reichlich
Fettsprenkeln garnierten Tür. Während Herr
Schnarrenberger sich genussvoll seinem
Liebeskummer und dem damit verbundenen
Selbstmitleid hingab, machte Herr Ik sich an die
Arbeit.

Finger ins Ohr, Abruf Info-Dienst NIX-Zentrale:
„Gibt's auf der Erde ein Gericht, das aus
Bananen und Krabben besteht?"

Antwort: „Piep-ja-Piep."

Frage: „Wo?"

Antwort: „Indonesien hauptsächlich-Piep-aber auch anderswo."

Frage: „Was brauche ich für die Zubereitung?"

Antwort: Piep-ne ganze Menge. Piep-Piep."

(Unbeherrschter) Zwischenruf: „Nein, was seid ihr doch für Scherzkekse in der Zentrale!!! Da kräuseln sich mir die Fußnägel vor Lachen, Ha-Ha-Ha!!!"

Antwort (leise): „Schnauze, Blödmann."

Antwort (laut): „Suppenhuhn-Piep-Öl, Tomaten, Reis, Krabben-Piep-diverse Würzbeigaben-Piep. Spucken exakte Zutatenliste plus Zubereitungsanleitung aus-Piep."

PLING-RATTAZONG-RATTAZONG-PLOPP

Frage: „Warum nicht gleich so, hä?"

Antwort: „Bitte sehr, Herr Vonundzulk, gern geschehen. Und beehren Sie uns bald wieder. Piep."

Diese Bürofuzzis. Parken ihre faulen Breitärsche auf der Venus, während unsereins mit schlammbraungefärbten Haaren und einem Arm weniger auf dem Blauen Planeten rumsausen muss, zum Wohle der Firma. Allerdings, gestand er sich ein, tat er es gern. Immer und überall. Das ganze Universum lag, mit diesem neuartigen Produkt in der Hand, quasi jungfräulich und unbeackert vor ihm. Fantastillionen von Kunden lechzten danach, von ihm beraten zu werden. O doch, er liebte seinen Beruf. Wie von selbst drängte sich ihm wieder ein Liedchen auf, das sich diesmal nicht als alte Venusianische Volksweise entpuppte, sondern als Shootingstar der Venusianischen Hitparade: „Hey Bähebi, sei meine Lähedi, brängbräng..."

Nun flugs das Ausgedruckte vor den Visualisierungsschirm (Deckelboden Musterkoffer) gehalten, die winzige blaue Konkretisierungstaste gedrückt, und ein ungewohnter, höchst köstlicher Duft erfüllte den Raum, den Herr Schnarrenberger die Dreistigkeit besaß Küche zu titulieren.

V o i l à ! Herr Ik drapierte den gebackenen Reis in der Mitte einer großen Porzellanplatte, die Scheibchen gebackener Banane drumherum. Ein atemberaubender Anblick. Im letzten Moment, bevor er die Platte ins Wohnzimmer trug, streute er ein Röhrchen voll NIX über das Ganze.

Es war ein Triumph, natürlich. Herr Schnarrenberger vergaß seinen Kummer und seine Frau. Er vergaß, zumindest für diesen Tag, alle Frauen. Er gab sich komplett dem oralen Genuss hin und tat sich, sobald der Teller geleert war, wieder auf und auf und auf. Depressionen??? Verschwunden. Weg, als wären sie nie da gewesen. Besser noch, Herr Schnarrenberger war sich der Bedeutung dieses Wortes nicht einmal mehr bewusst. De-press-i-o-nen. Was sollte das sein? Kannte er nicht. Was er hingegen kannte waren Depeschen, Presskopfsülze, Igel, Orden und Nennform. Aber keine Depressionen. Nie und nimmer.

Dieses NIXNIXDA war sein Geld wert. Er kaufte das supergünstige Dreißigerpack, zweimal.

NASI GORENG

Zutaten

(für 4 Personen):

6 Eßl. Öl

1 Zwiebel

1 Knoblauchzehe

1 Paprikaschote

1 Eßl. Currypulver

Salz, Zucker

½ gekochtes Suppenhuhn

2 Tomaten

250 g garer Reis

125 g gekochte Krabben

1 Eßl. Zitronensaft

angebräunte Zwiebelringe

2 Bananen

Zubereitung:

Das Öl in der Pfanne erhitzen, die gehackte Zwiebel und die zerdrückte Knoblauchzehe darin anrösten.

Paprikaschote von Kernen befreien, in Ringe schneiden und mitdünsten, dabei regelmäßig umrühren. Curry aufstreuen, nach Geschmack salzen und zuckern. Dann das in feine Streifen geschnittene Hühnerfleisch und die abgezogenen, in Scheiben geschnittenen Tomaten zugeben und ebenfalls dünsten. Reis hinzufügen, zuletzt die gewaschenen und abgetropften Krabben untermischen.

Bananen in Scheiben schneiden und in Öl oder Butter braten. Nach Belieben Zwiebelringe schneiden und ebenfalls braten.

Das Nasi Goreng wird in einer Schüssel oder (siehe Herr Ik) auf einer Platte angerichtet, mit Zitronensaft beträufelt und mit den angebräunten Zwiebelringen belegt. Dazu reicht man die gebratenen Bananenscheiben.

Als pikante Beilage eignen sich ebenfalls:
Tomatensalat, Ananasschnitze, Kokosraspel, gesalzene Erdnüsse, marinierte Gurkenscheiben, hart gekochte Eier, Apfelscheiben, Chilisoße, Mango-Chutney, kandierter Ingwer, Kroepoek, Senfpickles.

3. Teil:

NIX sollte keinesfalls hastig

getrunken werden

Dieselbe Straße, ein Haus weiter, fünfter Knopf von oben. Ding-Dong, Ding-Dong.

„Wer ist da?"

„Mein Name ist Ik." (Das musste reichen. Wer immer so dämlich war, den Firmennamen zu nennen, konnte damit rechnen, kein Bein mehr in die Tür zu kriegen, geschweige denn ein Produkt. Da reagierten alle Planetenbewohner gleich, von der Galaxis Ost bis zur Galaxis West.) - „Ich hätte Sie gern einen Moment gesprochen, Herr … (ein schneller Blick auf das Schildchen neben dem Knopf) … Herr Dur."

Schweigen.

„Es handelt sich um eine wichtige Angelegenheit."

„Kommen Sie von der Oper?"

Warum nicht?! Immerhin hatte er mal, noch vor seinem Eintritt in die NIX PLANETENGEMBH & COKG, auf einer Opernbühne gestanden. Zwar nur als einer von 45 Statisten, und das auch nur aushilfsweise, aber immerhin. Oper ist Oper. Also antwortete Herr Ik absolut korrekt und mit fester Stimme:

„Ja."

Bsssssssssssssss. Die Tür ging auf.

Herr Dur trug einen heftig geblümten Satinmorgenmantel, feine Lederpantöffelchen und einen teflonfarbenen, offensichtlich handgestrickten Wollschal. Mit dramatischen Schritten raschelte er auf ihn zu: „Nein, sagen Sie nichts! Der Intendant hat Sie zu mir geschickt!"

„Äh, nicht direkt…"

„Ha! Leugnen Sie nicht! Mir sind die Intrigennetze des Hauses wohlbekannt! Man hat Sie gedungen, um die schreckliche Entgleisung der Intendanz ungeschehen zu machen. Herr Hicks, geben Sie es zu: Man will, man fordert, dass ich heute Abend singe."

„Ik ist mein Name, wenn Sie gestatten."

Die Satinblumenarme hoben sich, öffneten sich weit und schickten sich an, Herrn Ik krakengleich zu umfangen. Ein kleiner Schritt rückwärts rettete ihn. Für den Moment.

„Ich möchte Sie lediglich um Ihre Aufmerksamkeit bitten, um Sie davon zu überzeugen, dass…"

„Dass es keine Schandtat war, mir die Rolle auf das lächerlichste Minimum zusammenzustreichen?! Dass ich unrecht hatte, die Probe zu verlassen und mich krank zu melden?! Dass ich brav und pünktlich heute Abend erscheinen sollte, um die winzigen achteinhalb Tönchen zu singen, die mir von meiner Rolle geblieben sind?! Das - (die Blümchenarme machten sich erneut auf die Suche nach Herrn Ik, trafen auf seinen Revers und krallten sich daran fest) - wollen Sie mir glaubhaft machen, ja?!"

Jetzt reichte es aber. Manche Kunden gingen einfach zu weit, und dieser hier war ein besonders dreistes Exemplar. Gleich würde der Satingeblümte ihn schütteln, garantiert.

Schütteln – Brüllen – Heulen, das war die Reihenfolge. Alles bestens bekannt. Die Uranus-Leute waren von diesem Kaliber. Bevor man denen was verkaufen konnte, musste man ihrem theatralischen Darstellungsdrang einen Riegel vorschieben. Sonst hörten die nie auf. Spielten alles rauf und runter, was sie so drauf hatten. Klassisches Drama, Bauernschwank, Moderne Komödie, einfach alles. Hauptsache, da saß/stand einer und gab das Publikum.

Herr Ik packte die aufdringlichen Fangarme, schob sie vor sich her und drückte sie mit dem anhängigen geblümten Rest aufs Sofa. So. Weiter im Text, und zwar mit strenger Stimme. Das kam bei den Uranus-Leuten immer gut, also hier auch.

„Herr Dur, ich bin in der Tat der Ansicht, dass Sie heute Abend singen sollten. Ferner bin ich der Ansicht, dass es der Qualität Ihrer Rolle keinesfalls abträglich war, einige Kürzungen vorzunehmen. Ich kann Ihnen versichern, dass der Regisseur dies nach reiflicher Überlegung und mit aller ihm zur Verfügung stehenden

Sensibilität getan hat. Zu Ihrem Wohle, Herr Dur! Ihr Part hat an künstlerischem Gehalt gewonnen, ganz ohne Zweifel. Zudem ist erst damit der Nährboden für eine ganz persönliche Interpretation geschaffen worden."

Herr Ik zog an einer Franse des teflonfarbenen Schals, um seinen Worten Nachdruck zu verleihen:
„Und da kommen S i e daher und beschweren sich???!!!"

„Es ist … Ich dachte nur, weil … Es sind Gerüchte in Umlauf , die..." Herr Dur schlang beide Hände um seinen strickgeschützten Hals und röchelte: „Öchöch, öchöch."

„Hören Sie auf damit, oder wollen Sie sich allen Ernstes vor meinen Augen selber erwürgen?"

Herr Ik klang nicht nur ungehalten, er war es auch. Dieser Erdling stellte in seiner Darstellungswut alles in den Schatten, was ihm auf dem Uranus je vor die Pupille gekommen war.

„Das ist nicht gespielt, das ist echt! Merken Sie denn nicht, dass meine Stimme gelitten hat? Seit exakt drei Tagen und dreieinhalb Stunden ist ein leises Kratzen da, immer wenn ich das dreigestrichene B zu singen versuche. – Da!" Er schüttelte das kärgliche Haupthaar, hob den Kopf gen Himmel, bzw. Zimmerdecke, rollte mit den Augen und machte „Öchöch, öchöch."

Herr Ik kam nicht umhin, seinem Kunden ein Talent für dramatische Effekte zuzugestehen. Nervös trommelte er auf seinem Hartschalenmusterkoffer herum und überlegte den nächsten Schritt zu einer erfolgreichen Verkaufsstrategie. Was sagte doch Madame Mishkutjonok in ihren 100 Goldenen Regeln???

GIB DEM KUNDEN DAS GEFÜHL, DER ALLERGRÖSSTE ZU SEIN, EGAL, WAS FÜR EIN ZWERG DA VOR DIR STEHT.

„Herr Dur, Sie wissen doch selbst, dass Ihre Stimme unvergleichlich ist. Da ist kein Kratzen. Da ist ein -------- (Pause, wo, verdammt, war das Wort, das er suchte? Ach ja, das war´s!) ----- ein Timbre, ein traumhaftes Timbre, das vibriert und jeden Zuhörer in positive Schwingungen versetzt." Herr Ik gab seinem Blick einen grundehrlichen, bewundernden Glanz.

„Nun, das mag wohl den Tatsachen entsprechen. Aber Sie haben mich doch noch nie singen hören, Herr Hicks."

„Ik, bitte, mein Name ist Ik, und ich brauche keine Arie, um Ihre überragende Stimmqualität feststellen zu können. Immerhin bin ich ein Mann vom Fach."

Er räusperte sich, teils, weil er über seine eigene Dreistigkeit doch leicht in Verlegenheit geriet, teils, um die Wirkung des Gesagten zu betonen. „Das hört man schon beim Sprechen, glauben Sie mir." Und tiefer, eindringlicher, mit seinem seit Lichtjahren erprobten Augenaufschlag Marke >Treuer Hund<:

„Vertrauen Sie einem Spezialisten."

Der ganze geblümte Herr Dur straffte sich, durchdrungen von einer Tonnenladung an neuem Selbstwertgefühl. Noch ein kleines misstrauisches Aufbaumen: „Aber die Kollegen, das Getuschel nach meinem letzten Solo im Weißen Rössl ...???"

Herr Ik wischte jeden Zweifel mit einer energischen Handbewegung fort. „Kleine Spitzfindigkeiten, die – ich muss es leider aussprechen – lediglich dem Gefühl des Neids entsprangen. Talent hat nun mal Neider, Herr Dur, denn nicht jeder ist mit solchen Gaben beschenkt."

Während Herr Dur nickte und seinen Gedanken nachhing, ließ Herr Ik den Verschluss seines Koffers aufschnappen.

Zu früh.

Denn bedauerlicherweise fasste Herr Dur seine Gedanken in Worte. Wie ein nicht enden wollender Strom ergossen Sie sich über sein Gegenüber:

„Schon in frühester Kindheit war mir bewusst, dass ich eine künstlerische Sendung in mir trage, natürlich, was Mama gottlob erkannt und gefördert hat, während mein Vater recht ignorant war diesbezüglich, aber nicht jeder hat die feine Ader eines Künstlers, so ist es eben, und ich habe sie wohl von Mamas Seite geerbt, weil mein armer Papa Busfahrer war und mein Großvater Vorarbeiter in einer Strohhutfabrik, obwohl, das möchte ich keinesfalls verschweigen, auch er musisch begabt war und viele Jahre als zweite Geige im Fabrikorchester spielte, wobei er übrigens meine Großmutter kennen lernte, die zwar auch nicht sang sondern

Gedichte schrieb, hübsche, nebenbei bemerkt, ich habe noch welche aufbewahrt, wollen Sie mal lesen?, die aber eine Tante mütterlicherseits hatte, die unbedingt Opernsängerin werden wollte, man hat sie aber nicht gelassen, nun ja, die Zeiten damals waren andere als heute und ein junges Mädchen aus bürgerlichem Hause durfte nicht ohne weiteres, schlechter Ruf und so, Sie wissen schon, jedenfalls war den meisten Frauen der Weg zu den Brettern die die Welt bedeuten nicht gänzlich versperrt, so doch sehr schwer gemacht, und deshalb bin ich mir der Gabe, sowohl Talent als auch eine bezaubernde Wirkung auf das Publikum zu haben durchaus bewusst, und ich meine, ich hätte schon mehr Gage bei den Vertragsverlängerungsgesprächen herausschlagen können, aber man hängt halt an seinem Heimatort und will die vielen treuen Verehrer und, das vor allem, Verehrerinnen nicht einfach so im Stich lassen, will heißen, man hat doch auch so etwas wie ein Verantwortungsgefühl in sich, gewissermaßen eine moralische Verpflichtung, selbst wenn, oder vielleicht gerade weil man zu Höherem geboren ist, und deshalb..." (Eine klitzekleine Pause um Luft zu holen.)

Jetzt musste er zuschlagen, sonst ging es ohne Punkt und Komma weiter und er würde hier noch nächste Woche mit seinem Musterkoffer herumsitzen. „Und deshalb werden Sie heute Abend auftreten und singen", schloss Herr Ik sanft.

„Ja." Herr Dur sagte es mit Inbrunst und – es war nicht zu überhören – mit leicht belegter Stimme.

Er griff sich wieder an den beschalten Hals und miaute: Mi-auuuuu, mi-auuuuu." Dann formten sich seine Lippen blitzschnell zu runden O'S und zu Strichen, immer abwechselnd: „Ma-me-mä-mo-mu. Ma-me-mä-mo-mu. Ma-me....."

Alles klar. Nun wusste er, wie's weiterging. Der Abschluss war bereits zu 99 % in der Tasche. Herr Ik erhob sich und klopfte auf die satingeblümte Schulter. „Sie werden heute Abend singen wie noch nie. So gut wie noch nie. Selbst das dreigestrichene B und das zweigepunktete C. Weil ich Ihnen hier und jetzt ein Mittel verabreichen werde, das jeden Schleier von Ihren Stimmbändern entfernt. Ihre Stimme wird in vollem Glanz erstrahlen, Herr Dur, und zwar mit NIX!"

„Mit NIX?"

„Genau. Mit NIX. Das ist ja Sinn und Zweck meines Besuches, Herr Dur. Ich will Ihnen und Ihrem Gesangsorgan mit unserem Produkt endlich zum Durchbruch verhelfen."

„Wie bitte?"

„Danken Sie mir nicht jetzt, Herr Dur, danken Sie mir später. Sie können das Kennlern-Pack oder das supergünstige Dreißigerpack oder die Familien-Vorratspackung wählen, ganz wie Sie wünschen. Wenn Sie mir nun freundlicherweise den Weg zur Küche zeigen wollen…"

„Ja-a."

Herr Dur nickte nicht nur brav, sondern raffte sich und seinen Morgenmantel zusammen, um vorzugehen und diesem zwar sonderbaren doch unbestritten kunstsinnigen Vertreter die

Küchentüre aufzuhalten. Dieser Mann, der so energisch sprach, wusste, was er tat. Herr Dur würde sich vertrauensvoll in seine Hände begeben und alles schlucken, was er ihm vorsetzte. Selbst wenn es NIX war.

Herr Ik steckte seinen Finger ins Ohr: „Was wisst ihr über Stimmbänder und Belag auf der Stimme und Krächzen und so weiter; aber bitte fix und ohne blöde Witzchen."

„Piep, Heiserkeit, Katarrh-Piep-Hals, warm halten, Schal. Piep."

„Hatterschon. Was noch?"

„Piep, immer schön langsam mit den jungen Mondkälbern, ja! Piep, heiße Milch soll gut sein, piep, heißer Alkohol auch, jedenfalls stehn da die meisten Erdlinge ab 15 mehr drauf als auf die Milch, Piep, und Honig, Piep, jede Menge Honig. Aus. Piep. Und jetzt leck uns doch Piep-Piep-Piep-Piep-Piep-Piep-Piep-Piep!!!"

„ Danke auch, die Herrschaften, und ebenso!

Der Rest war höchst simpel. Er wartete einige Sekunden, damit die Informationen sich auf seinem Gerhirnboden setzten, schüttelte den Kopf, um sie in einem Akt von Kreativität durcheinander zu wirbeln, öffnete den Mund und spuckte die fertig ausgedruckten Rezepte aus.

Visualisierungsschirm – blaue Konkretisierungstaste – und ein herrlicher Punsch sowie eine aromatische Milch dampften vor ihm. Erstere füllte er in kleine Blümchentassen (Herr Dur schien vernarrt in Blümchen & Co. zu sein!), letztere in dickwandige Gläser. Alles zusammen aufs Tablett, einen Hauch von NIX drübergestreut und ab damit zum Wohle der Sangeskunst!!!

Als Herr Dur am Ende seine Bestellung über 1 x Vorratspackung und 3 x Kennlern-Pack lallte, war nicht der leiseste Hauch von Belag oder gar Krächzen zu hören. Sich seiner Verantwortung voll bewusst, trug Herr Ik seinen Kunden die Treppen hinunter und setzte ihn sanft in den Bus. Linie 12 Richtung Opernplatz.

HONIGPUNSCH

Zutaten:

(für 4-6 Tassen)

¼ l Wasser

300 g Honig

1 Vanillestange

½ Teel. gem. Zimt

1 Nelke

abgeriebene Schale ½ Zitrone

einige Tropfen Zitronensaft

3/8 l hochprozentigen Alkohol

Zubereitung:

Wasser und Honig in einem Topf zum Kochen bringen. Vanillestange ausschaben, Vanillemark mit Zimt, Nelke, Zitronensaft und abgeriebener Zitronenschale zum Honigwasser geben und einige Minuten kochen. Von der Herdplatte nehmen, den Alkohol (Obstwasser oder weißer Rum) hinein geben und alles schnell miteinander verrühren. Den Punsch in kleinen Tassen servieren und heiß trinken.

EIERLIKÖR-MILCH

Zutaten:

(für 4 Gläser)

1 Eiweiß

40 g Zucker

180 ml Eierlikör

¾ l Milch

gehackte Pistazien

Zubereitung:

Das Eiweiß in eine Schüssel geben und mit dem Schneebesen steif schlagen. Den Zucker nach und nach einrieseln lassen. Die Milch zum Kochen bringen. In der Zwischenzeit den Eierlikör in die Gläser füllen. Mit heißer Milch auffüllen und umrühren. Auf jedes Glas eine Eischneehaube setzen und mit gehackten Pistazien bestreuen.

4. Teil:

NIX stellt jede Dose in den Schatten

Ein Kunde noch, und dann Feierabend. Die Arbeitstage auf dem Blauen Planeten waren fast zeitgleich mit denen auf der Venus, allerdings erst nach Lichtjahren durchkämpfter Manteltarifverträge zwischen Arbeitnehmern und Arbeitgebern. Der letzte Sitzstreik vor Madame Mishkutjonoks Glaspalast hatte schließlich den lang ersehnten Zwei-Venusstundentag erbracht, der in der Umrechnung dem irdischen Achtstundentag glich. Herr Ik stand auf der

Straße und beobachtete die Wagenschlangen, die sich und hupend stückchenweise vorwärts bewegten. Er atmete tief ein, um die Blasebalglungen mit einem wohltuenden Vorrat an Kohlenmonoxyd und Schwermetall zu füllen.

Aaahhh, wie erfrischend!

Die Erdenbürger waren zweifelsohne auf dem Weg vom Büro nach Hause und – das sah man an den verkniffenen Gesichtern hinterm Steuer – gar nicht gut drauf. Wahrscheinlich, weil sie immer vor der gerade auf Rot wechselnden Ampel zu stehen kamen, weil ihr Vordermann lahmarschig anfuhr, weil er zu spät, falsch oder überhaupt nicht blinkte, und weil er ein Modell fuhr, das neuer/teurer war oder aber eine

Schrottkiste. Alles zusammen enorm aggressionsfördernd.

Herr Ik lächelte still vor sich hin, während er an seine Beamtaste in der rechten Socke dachte. Ein Fingerdruck und er wäre zisch-huiii in seinem teilmöblierten Apartment Venus Unterirdisch I, Wawawaplatz 1495, 87. Stock Mitte. Er würde sich in seinen Berliumfreizeitanzug werfen, das Essen von gestern aufwärmen, seinen dritten Arm anschrauben und Skat spielen.

Wahrscheinlich würde der dritte Arm wieder gewinnen. Er war fixer und ausgekochter als die beiden anderen. Und jetzt, wo er quasi ausgeschaltet herumlag und schmollte, würde er eins draufgeben und sich beim Skat austoben.

Oder sollte er – Herr Ik grinste wie eine Anakonda, die kurz davor ist, ein Ferkel zu schlucken – statt mit den dreien nur mit einem spielen? Halma, vielleicht? Dazu ein selbst gebranntes Schnäpschen von Großvater Murduck, oder auch zwei oder drei ......

Ein prima Gedanke.

Also jetzt: Ran an den Kunden!!!

>Hier wohnt Familie Bär< stand in Kleinkinderschreibschrift auf dem fast ovalen handgetöpferten Schild. Drumherum Kringelgirlanden wie auf einer Torte. Alles kackbraun und spinatgrün und unbeschreiblich hässlich. Aber handgetöpfert.

Er klingelte.

„Ja?" hörte er eine Frauenstimme fragen.

Doch bevor er dazu kam sein Sprüchlein aufzusagen, hatte die Besitzerin der Stimme den Summer betätigt und die Tür geöffnet. Frau Bär mochte viele Tugenden besitzen, doch Geduld gehörte bestimmt nicht dazu.

„Sie wünschen?" sagte sie, noch bevor Herr Ik zum Stehen gekommen war.

„Guten Tag, gnädige Frau, ich möchte Ihnen die freudige Mitteilung machen, dass Sie zu einem ausgewählten Kreis von Personen gehören, der in den Genuss kommt, ein brandneues, sensationelles Markenprodukt kennenzulernen. Ich gratuliere, Frau Bär."

„O, wirklich?" Frau Bär prüfte die Möglichkeiten diesen Mann, der zweifelsohne ein Vertreter war, abzuwimmeln. Dazu taxierte sie ihn blitzschnell:

Schuhe – geputzt (5 Punkte)

Hose – Bügelfalte zum Tortenschneiden (10 Punkte)

Jackett – grau, gediegen (5 Punkte)

Krawatte – dezent gemustert und nicht bekleckert (3 Punkte)

Hals – zu dünn (1 Punkt minus)

Kopf – birnenförmig (2 Punkte minus)

Gesicht – konturiert männlich (20 Punkte!)

Haare – braun, Meckifrisur (2 ½ Punkte)

Oben angelangt und addiert ergab sich eine Punktzahl von 42 ½, was sie dazu veranlasste zu lächeln und die Tür weit zu öffnen. „Dann treten Sie doch ein, Herr ….?"

„Ik, gestatten, mein Name ist Ik."

„Wir setzen uns am besten ins Wohnzimmer, Herr Ik, da können Sie mir Ihr Produkt in aller Ruhe vorführen." Sie ging vor und gab ihm Gelegenheit, ihre aerobictrainierte Figur zu bewundern. „Hier, bitte."

Er nahm gehorsam auf einem kalten schweinsledernen Sofa Platz, das so flach war, dass er seine Beine wie eine Giraffe beim Wassertrinken verschränken musste. Der Coachtisch war noch flacher. Er wollte gerade ein abscheulich braunes Tonklumpengebilde beiseite rücken, um seinen Musterkoffer abzustellen, als er ihren Blick auffing. Ein erwartungsfrohes Flackern loderte in ihren wasserblauen Augen. Herr Ik reagierte sofort.

„Wie zauberhaft, haben Sie das etwa selbst gemacht?"

Frau Bär errötete sanft. „Ja, gefällt er Ihnen?"

„Wer?"

„Der Aschenbecher. Ich habe ihn im Volkshochschulkurs getöpfert."

Nie im Leben hätte er in dem Ding einen Aschenbecher vermutet. Eher einen Tischbeschwerer, falls es so was gab. Er schaffte es trotzdem, einen Grad höchster Verzückung auf sein Gesicht zu zaubern. „Wirklich???" Das ist ja toll!!! Phänomenal, diese Form! Diese Farbgebung! Hochmodern und doch irgendwie ursprünglich. Sie haben sicherlich Bildhauerei studiert, Frau Bär, ganz bestimmt. Das ist doch eine höchst professionelle Arbeit, dieser Aschenbecher, das kann doch nicht von einem Amateur stammen, nein, wahrhaftig nicht. Oder etwa doch?"

Ein Seufzer.

Ein Nicken.

Ein Seufzer.

Frau Bär setzte sich nun neben ihn aufs Sofa.

„Ich bin doch nur eine Hausfrau. Doch das tägliche Einerlei – (Seufzer) wie soll ich sagen (Seufzer) – erfüllt mich nicht ganz. Wenn die Kinder in der Schule sind, mache ich den Haushalt, und wenn sie dann am frühen Nachmittag wiederkommen - sie essen ja Gott sei dank in der Schule - bringe ich sie zu ihren Freunden oder zum Schwimmen oder zum Ballett. Gerade sind sie beim Flötenunterricht."

Sie rückte ein Stück näher.

„Und mein Mann kommt auch immer spät aus dem Büro, da nutze ich die Zeit für Kurse. Ikebana, Seidenmalerei, Yoga und Töpfern. Habe ich alles schon gemacht. Im nächsten Semester habe ich mir für Aquarellmalerei eingetragen."

Sie rückte nach.

Jetzt blieb nicht mehr viel Platz zwischen ihnen; ein Löschblatt, vielleicht, hätte noch gepasst.

„Ich finde, eine Frau sollte immer an sich arbeiten. Zu sich selbst finden, meine ich. Meinen Sie nicht auch, Herr Ik?"

„Sie haben ja sooo Recht, Frau Bär."

Herr Ik sprangen die Beweise ihrer Selbstfindung krass und unbarmherzig ins Auge: Klobige Vasen dutzendweise, stakelige Trockenblumengestecke, farbverkleckerte Sofakissen und Lampenschirme. Die Bär´sche Wohnstube .... Ein Kabinett des Grauens! Die Kinder flohen tagsüber zum Schwimmen und Flöten, und abends ins Bett. Doch der bedauernswerte Herr Bär? Wie war ihm zumute, wenn er sein Büro verlassen und kostbare Lebenszeit hier verbringen musste? In diesem Haus, in diesem Wohnzimmer, allein zwischen braunen Tonklumpen und Trockenblumen, derweil sein Eheweib sich im Fortgeschrittenenkurs an der örtlichen Volkshochschule amüsierte???

Frau Bär schien seine Gedanken erraten zu haben, zumindest ansatzweise.

„Mein Mann hat anfangs viel Verständnis gezeigt und mich bei meinen Aktivitäten unterstützt. `Trudchen, du sollst nicht eine von diesen frustrierten Hausfrauen werden´, hat er gesagt. Da hat er sich auch immer das Essen selbst gekocht und mir noch was warm gestellt. Aber dann ist er immer unangenehmer geworden. Er hat nur noch Dosen aufgemacht, war muffig und übellaunig. Und ein Lob für meine kreativen Arbeiten habe ich auch nicht mehr zu hören bekommen. Ach.........."

Sie ließ das >Ach< wirkungsvoll im Raum hängen und machte Anstalten, noch näher ran zu rücken. Ging aber nicht. Da hätte sie sich schon auf seinen Schoß setzen müssen. Das wollte Frau Bär nun doch nicht, denn sie war – Seidenmalerei hin, Ikebana her – eine anständige Frau.

„Püüüüüüühhhhh."

Herr Ik atmete auf. Noch mal Glück gehabt. Das hätte um ein Haar in einer brenzligen Situation enden können. Übel, übel. Nein, nicht von der moralischen Seite her gesehen, sondern von der verkaufstechnischen. So wie anno 29333 auf dem Jupiter. Da wollte dieses Fräulein …na, wie hieß sie doch gleich… Cuicuilco, also die wollte unbedingt… Und zum Schluss dann nicht bezahlen. Das ham wir gern, ham wir das!

Nicht umsonst hieß eine der 100 Goldenen Regeln für Vertreter >FALLEN DIE DAMEN AUCH MAL AUS DEM RAHMEN, FALL NICHT DRAUF REIN! < So weit Herr Ik sich erinnern konnte, stand diese Regel sogar gleich an zweiter Stelle, hinter >EGAL WIE - DU MUSST VERKAUFEN!<

„Wie sehr müssen Sie unter dieser angespannten Stimmung leiden, gnädige Frau", hauchte Herr Ik gefühlvoll. „Wir Männer sind nun mal, tja, wie soll ich mich ausdrücken, rauer, handfester, um nicht zu sagen grobschlächtig. Ihr werter Gatte wird daher, wie ich vermute, dem visuellen Genuss, den Ihre gestalterischen Talente ihm bescheren, nicht viel abgewinnen können."

Frau Bär sprang erregt vom Schweinsleder, um auf und ab und ab und auf zu laufen. Dazu sprach sie Folgendes:

„Wissen Sie, was er mir neulich gesagt hat, als ich eine neue Vase heimbrachte? `Ein saftiges Steak wäre mir lieber´, hat er gesagt. Stellen Sie sich vor."

Herr Ik nickte, Kummer im Gesicht. „Das Transzendentale ist uns Männern oft fremd. Wir sind eher den leiblichen und oberflächlichen Genüssen zugetan, leider. Auch ich, verehrte gnädige Frau, habe diesbezüglich mit mir gerungen. Eine lange, lange Zeit. Doch nun bin ich darüber hinweg und daher in der beneidenswerten Lage, sowohl Ihnen als auch Ihrem Gatten Verständnis entgegenbringen zu können. Verständnis und NIXDA, kurz gesagt: NIX."

Er klappte den Koffer auf und hielt eine Röhrchen in die Höhe. Frau Bär stoppte ihn.

„Was ist das?"

„Das ist ein Spitzenprodukt unseres Hauses." (Laut.) Und weiter (leise): „Es kann Ihre Ehe retten und sie, bei regelmäßiger Anwendung, neu aufblühen lassen."

Und weiter (flüsternd): „Sie werden sich fühlen wie in den Flitterwochen, Frau Bär, glauben Sie mir."

„Mit diesem dünnen Röhrchen?"

„Mit NIX, gnädige Frau. Hochwirksam, aber absolut verträglich. Sie brauchen n i c h t Ihren Arzt oder Apotheker fragen. Sie bereiten es einfach zu, wie ich es Ihnen gleich vormachen werde. Und Sie servieren es Ihrem Gatten, so oft als möglich."

„Kann man es mit Dosennahrung einnehmen, Linsentopf nach Gutsherrenart, zum Beispiel?"

„Nein, kann man nicht! Auf gar keinen Fall kann man das! Das verträgt sich nicht und hebt die Wirkung auf. Und damit wäre uns keinesfalls gedient, wenn wir die zweiten Flitterwochen herbeiwünschen, nicht wahr, Frau Bär?"

„In Ordnung. Dann zeigen Sie mir, wie's gemacht wird, Herr Ik." Sie seufzte. „Muss ich Ihnen etwa helfen? Oder kann ich's mir nachher aufschreiben?"

„Aufschreiben reicht. Und nun, gnädige Frau, lassen Sie mich mal machen. Damit Sie sehen, dass wir Männer auch zu etwas gut sind und Küchenarbeit keineswegs scheuen. – Wo, bitte, finde ich denn Kochgeschirr und Schürzchen?"

„Steak" , warf er als Stichwort in die Leitung, als er den Finger ins Ohr steckte.

„Fleischstück", kam es zurück.

„Gebt mir mal ein raffiniertes Rezept dazu", schob er nach. „Eins, das einen einsamen, auf Dosennahrung angewiesenen Familienvater wieder auf Trab bringt."

„Piep. So schlimm steht es mit dir, Ik? Piep. Aber musste ja mal so kommen, Piep, bei deinem Lebenswandel. Piep-piep."

„Hier geht's nicht um mich, ihr Dachpappen, hier geht's ums Geschäft! Also presto presto, wie der Grieche zu sagen pflegt!"

Piep. Habt ihr gehört, er kann ausländisch! Piep. Wir sind zutiefst beeindruckt, Ik, echt, du hast das Zeug zum Sparkassenfilialleiter, piep, durchaus in der Lage bis Drei zu zählen und sich ohne Hilfe die Unterhose richtig herum anzuziehn, hihipiep. - Hier das Rezept, piep.

Schlagen Tournedos vor, auf italienische Art angerichtet, piep, à la Rossini, piep, ganz was Feines!

Bitteschön und ab! Piep." Sie beeilten sich, aus der Leitung zu kommen, denn sie waren kein bisschen scharf auf eine Sparkassenfilialleiter-Retourkutsche.

Herr Ik grummelte etwas, das nur für ein venusianisches Hochfrequenzohr als unflätige Rede zu verstehen war. Während er ein wenig mit den Töpfen klapperte, um für Frau Bär den Eindruck angestrengter Kocharbeit zu erwecken, drückte er die blaue Taste im Kofferdeckel. Ein leiser Summton und die Tournedos waren zum Greifen konkret.

Und wie sie dufteten!!!

Herr Ik streute eine Prise NIX drüber und trug die Platte auf. Erst, als er im Blickfeld seiner Kundin war, nahm er die Schürze ab, faltete sie sorgfältig und legte sie auf den Tonklumpenaschenbecher, der damit unsichtbar und viel erträglicher wurde.

Sie hatten den Genuss der Speise mit einer Flasche halbtrockenen Rotweins noch in die Höhe getrieben. Sowohl das Näschen, als auch die Kulleraugen von Frau Bär glänzten, und Herr Ik war überzeugt davon, dass das bei Herrn Bär ebenso sein würde. Den zweiten, eventuell auch den dritten und vierten Flitterwochen stand nichts mehr im Wege.

Herr Ik hatte 5 Familien-Vorratspackungen verkauft, den NIX-Firmenumsatz gesteigert und parallel dazu den Umatz an Aquarellfarben, Strohblumen und Tonerde reduziert.

C`est la guerre.

TOURNEDOS

Zutaten:

(für 4 Personen)

4   Tournedos, etwa 4 cm dick

4   lange schmale Speckstreifen

Bratfett oder Öl

Salz, Pfeffer

1   Scheibe Gänseleberpastete

1   Trüffel

1   Tomate

Spargelspitzen

1 Stückchen Gänseleber

½ Zwiebel

Petersilie, Dill

Zubereitung:

Die Tournedos (= eine Art Steak, aus dem dünnen Ende des Rinderfilets geschnitten) klopfen und wieder zusammendrücken, mit Speckstreifen umlegen, zusammenbinden. In der Pfanne in heißem Öl oder Fett von beiden Seiten 3 bis 4 Minuten braten, dann salzen und pfeffern und auf einer vorgewärmten Platten anrichten.

Die Tournedos können ganz nach individuellem Geschmack garniert werden. Die wohl berühmteste Art stammt vom italienischen Opernkomponisten Gioacchino Rossini (1792-1868). Er pflegte sie mit einer Scheibe Gänseleberpastete, Trüffelstückchen, gedünsteten Tomatenscheiben Spargelspitzen und Dill sowie gebratener Gänseleber (oder Hühnerleber) und gerösteten Zwiebelringen anrichten.

Als Beilagen passen Pommes frites und Kopfsalat.

5. Teil:

NIX lässt die Oktoberrevolution in einem anderen Licht erscheinen

---

Ein neuer Tag, ein neues Umsatzglück! Herr Ik nahm den Finger von der Beam-Stopp-Taste, rollte die linke Socke ordentlich hoch und schnupperte etwas von der irdischen Morgenluft. Er hatte Glück. Gleich in der Nähe spuckte ein Fabrikschornstein schwere Wolken aus, womit er der Luft ein herrliches, der Gesundheit eines Venusianers höchst zuträgliches Aroma verlieh. Herr Ik war blendender Laune, wohl auch, weil er gestern Nacht beim Skat so locker gewonnen hatte, mit einem guten Blatt vor sich und einem dicken Buben im Keller. Jetzt war wieder klar, wer der Chef im Hause war; zumindest bis zum nächsten Spiel. Ja, das Leben konnte schön sein.

Ob er in diesem adretten Reihenhäuschen starten sollte? Oder in dem? Oder in dem zwoten in der dritten Reihe? Oder in dem ersten Reiheneckhaus? Sie sahen irgendwie alle gleich aus, und damit war es piepegal, durch welches der winzigen Vorgartentürchen er schritt und an welcher der blank geputzten Klingelknöpfe er Sturm läutete.

Irgendwie war ihm heute nach Sturm, so viel Energie hatte er auf Lager. Ding-dong-ding-dong-ding-dong-ding....

Die Tür wurde aufgerissen. Vor ihm stand ein Mann von etwa 40 Jahren, in kleinkarierter Weste mit Fliege um den Hals, das Gesicht glatt wie ein Babypopo, das Haar mit höchster mathematischer Präzision in der Mitte gescheitelt.

„Was klingeln Sie denn wie verrückt, meine Mutter ist sowieso nicht da. Sie kommt in cirka zwei Stunden zurück."

„Aber ich möchte mit Ihnen sprechen, Herr ...?"

„Ronow, Peter Ronow. – Sie wollen wirklich mit mir sprechen und nicht mit meiner Mutter?"

„In der Tat, das will ich. Dürfte ich bitte....?" Herr Ik stellte demonstrativ den Fuß in den Dielenbereich.

„Selbstverständlich. Treten Sie doch näher."

Braves Peterle. Fragte nicht lange nach Sinn und Zweck des Besuches, sondern gewährte gleich Einlass. Besser noch: Er kochte Kaffee und trug Plätzchen herbei.

„Sie müssen schon entschuldigen, aber wir haben nur noch die eine Sorte im Haus, Buttercookies. Die Waffeln und die mit Schokolade sind alle." Er fing an zu glucksen und blickte Herrn Ik schelmisch von der Seite an: „Mama hat schon Recht, ich sollte nicht immer die besten Sachen aus der Keksdose fischen." Sein Blick kletterte sorgenvoll an Herrn Ik hoch: „Das ist doch nicht allzu schlimm. Oder?"

„Nein." Herr Ik hatte heute seinen großzügigen Tag. „Ist schon in Ordnung mit den

Butterdingsda. Wenn ich Ihnen nun den Grund meines Besuches erläutern dürfte, Herrr Ronow? (Hä-em.) Mein Name ist Ik. Ich bin als Repräsentant einer bedeutenden Firma unterwegs, um an ausgesuchte – ich wiederhole: ausgesuchte! – Personen ein völlig neuartiges Produktkonzept weiterzugeben. Und Sie, Herr Ronow, stehen ganz oben auf meiner Liste."

Er ließ eine wirkungsvolle Pause folgen. Das machte sich immer gut, doch heute war das Ergebnis geradezu überwältigend.

Peter Ronow zitterte und ließ die Kaffeetasse fallen. Seine blassblauen Augen hefteten sich an Herrn Ik wie eine Klette an einen Wollpullover: „Sie... Sie haben uns gesucht und ... gefunden."

Irgendwie machte ihn sein neuer Kunde nervös. Er räusperte sich erneut und tastete sich vorsichtig, ganz vorsichtig, in seinem Verkaufsgespräch weiter. „Nun ja, so könnte man es durchaus formulieren. Unsere Firma wendet sich an Sie, weil Sie..."

„Sie wissen wer ich bin?"

Blöde Frage. Stand doch draußen an der Klingel, und gesagt hatte er es ihm auch. Aber bitte, wenn er dieses Spielchen spielen wollte, warum nicht. „Sicher weiß ich, wer Sie sind."

Peter Ronow erhob sich, ungeachtet der Tatsache, dass er jetzt mitten in der Kaffeepfütze stand. Er funkelte Herrn Ik blassblau an. „Und ich weiß, wer Sie sind, werter Herr! Sie sind ein Bolschewik!"

„Nein, ich bin ein Bürger vom ..." Vom Planeten Venus, wollte er sagen, doch sein Gegenüber fiel ihm mit solcher Vehemenz ins Wort, dass Herrn Ik der Mund einfach offen stehen blieb. Zudem hatte er das Gefühl, dass es besser wäre, seinem Kunden erstmal ruhig zuzuhören; siehe >100 Goldene Regeln für den erfolgreichen NIX-Vertreter<.

„Sie sind ein Bürger der SSSR, der Sojus Sowjetskich Sozialistitscheskich Respublik, ha!, oder dem jämmerlichen Rest, der davon übrig geblieben ist. Und Sie sind hergekommen, um mich zu liquidieren, mich, den einzig legitimen Anwärter auf den Zarenthron." Peter Ronow hatte alle Butterkeksweichheit abgelegt, um in einer filmreifen Pose zu erstarren, Marke Lawrence von Arabien. Immer noch in der Kaffeepfütze.

„Das gibt Flecken", bemerkte Herr Ik mit Fingerzeig auf den Teppich.

„Wie bitte?"

„Ich habe Sie darauf aufmerksam gemacht, dass der Teppich leiden wird, wenn Sie da weiter im Kaffee stehen. Sie sollten einen Lappen holen und die Sauerei wegwischen, bevor Ihre Frau Mutter kommt."

„Mama?! – Ach ja, natürlich! Danke!"

Lawrence von Arabien hatte sich in Peterle zurückverwandelt und trollte sich, Putzzeug zu holen. Während er da so rubbelte und drückte, schien Herrn Ik die Zeit reif, das Verkaufsgespräch wieder aufzunehmen und in die rechte Bahn zu lenken. Mit sämtlichem

Fingerspitzengefühl, das ihm zur Verfügung stand. Was nicht wenig war. Denn Herr Ik war ein Verkaufsrepräsentant mit dem psychoanalytischen Talent eines Sigmund Freud. Aber locker.

„Sind Sie mit der Zarenfamilie, wenn ich so direkt fragen darf, irgendwie verwandt oder verschwägert, Herr Ronow?"

„Irgendwie?!? Ist das Ihr Ernst?!?" Die Blassblauen sprühten Funken. „Ich bin der direkte Nachfahre der Romanows. Ich bin der jüngste Sohn von Zar Nikolaus dem Zweiten von Russland!"

Er richtete sich aus seiner Putzhaltung auf, stolz, vom Scheitel bis zur Sohle, den Lappen in der Hand wie ein Zepter. Seine Nasenflügel bebten. „Ja, vor Ihnen steht Peter, Sohn des Nikolaj Alexandrowitsch."

„Ach", versetzte Herr Ik. Jetzt bloß keinen Fehler machen! Das Gespräch hatte eine etwas komplizierte Richtung angenommen. Ein falscher Satz, und dieser strenggescheitelte keksfressende Kerl würde, statt seine Produkte zu kaufen, mit dem Lappen auf ihn losgehen. Also, Ik, Ruhe bewahren. Und vor allem: lächeln, lächeln, lächeln.

Peter Ronow, vorgeblich Sohn des Nikolaj Alexandrowitsch, beäugte ihn einen Moment lang voller Skepsis. Dann lächelte er zurück. Schwach nur, aber immerhin. Der Bann war gebrochen. „Sie sind wahrscheinlich kein verkappter Bolschewik und wollen mich nicht liquidieren. Jedenfalls...(er fixierte den Birnenkopf scharf)

.... Kann ich mir das bei Ihnen schwer vorstellen."

„Und damit liegen Sie hundertprozentig richtig, mein Lieber!"

Herr Ik strahlte, was die Mundwinkel hergaben.

„Ich bin in einer durchaus erfreulichen Mission hier, ich möchte Ihnen die Novität unserer NIX-Produktepalette präsentieren. Ich möchte Sie mit dem Angenehmsten und Schmackhaftesten überhaupt vertraut machen. Mit ..."

Wieder ließ ihn sein Gegenüber nicht ausreden. „Nixda", brummte er.

„Wie meinen???"

„Nixda, ich will nix kaufen!"

Herr Ik war aufs Äußerste irritiert. Woher kannte dieser Kunde den Produktnamen NIXDA? Und wieso klang er, ausgesprochen von diesem Erdenmenschen, dermaßen negativ, um nicht zu sagen aggressiv? Fragen über Fragen, die sich im Birnenkopf breit machten und für deren Beantwortung keine Zeit zur Verfügung stand.

„Bitte sagen Sie nicht einfach NIXDA, Herr Ronow, wenn Sie doch NIX sagen können! Ich sehe nämlich, dass Sie ein Mann sind, der geradewegs und ohne Umschweife zur Sache kommt, für den jede Silbe zu viel ist, weil Zeit Geld bedeutet. Sie haben durchaus Recht, Herr Ronow, o wie Recht Sie doch haben! Lassen wir auch den Punkt weg, nennen wir das Kind gleich beim Kurznamen: NIX wird Ihnen schmecken.

Mehr noch: NIX wird Sie glücklich machen und mit Ihren Schicksal aussöhnen."

Uff, das war geschafft. Jetzt genau auf die Reaktion achten.

Peter Ronow sank in dem Sessel zusammen, den Kaffeepfützenlappen immer noch fest umklammert. Diesmal nicht als Zepter, sondern als Haltegriff. Schluchzend brach es aus ihm heraus. „Es ist wahr, Herr Ik, nix schmeckt mir, nix macht mich glücklich. Weil das Schicksal mir einen so grausamen Streich gespielt hat. Ich frage Sie, Herr Ik... (Er sprang wieder auf, man, war der Kerl fix auf den Beinen!) ... können sie sich hineinversetzen in einen zaristischen Säugling, der gleich nach der Geburt seiner Mutter, der Zarin, aus den Armen gerissen wird, gegen einen weiblichen Säugling minderer Erbqualität ausgetauscht und aufs Land verschleppt wird?"

Mister Poposcheitel kriegte Herrn Ik am Schlips zu fassen und schüttelte ihn durch. „Ich frage Sie, können Sie sich das vorstellen?!?"

Herr Ik dachte angestrengt nach. Nein, konnte er einwandfrei nicht. Erstens hatte er noch nie einen zaristischen Säugling vor die Linsen bekommen, weder in gehobener, noch in minderer Erbqualität, und zweitens wuchsen bei ihm zuhause sowieso alle Babys auf dem Lande auf. Wie es sich gehörte, auf Zuchtplantagen, nach Größe und Gewicht geordnet. Das funktionierte prima, jedenfalls hatte er eine durchaus angenehme Erinnerung an seine Kindertage. Die Fließbandfläschchen waren immer lecker gewesen, und die täglichen Streicheleinheiten, verabreicht vom rosa Kuschelpuschelmonster, immer großzügig bemessen.

„Nein, das kann ich mir nicht vorstellen", antwortete er wahrheitsgemäß.

„Und mitzuerleben, wie diese Anastasia auftaucht, diese Betrügerin, die sowieso nichts anderes war als die Tochter einer Kammerzofe und sich aufspielt als Zarentochter? Hä? Diese ganze abscheuliche Intrige am Petershof zu kennen und schweigen zu müssen? Hä?!"

Der Kerl ließ nicht locker. Herr Ik überlegte, ob er wohl noch Kaffeeflecken auf den Händen hatte, und ob sein Schlips jetzt hinüber war. Bestimmt. Es war der Schlips, den Isabella ihm zum 79384. (oder war es der 79385.?) Geburtstag verehrt hatte. Das einzige Geschenk übrigens, das er je von ihr erhalten hatte, wobei er es, genau genommen, selbst bezahlt hatte, weil sie ihn, bevor sie den Krawattenladen betrat, um 20 Flockis gebeten hatte. (Am Schlips war dann noch das Preisschild gewesen: 15 ½ Flockis, den Rest hatte sie natürlich einbehalten.) Trotzdem, oder gerade deshalb mochte er diesen Schlips ganz besonders. Darum entfernte er Peterles Finger von diesem Prachtstück und legte kühle Distanz in seine Stimme.

„Wie kommen Sie überhaupt auf die Idee der Zar, beziehungsweise der zaristische Säugling, äh, Sohn zu sein, Herr Ronow?"

Der so Angesprochene zog eine Augenbraue mit einer Mischung aus Verwunderung und Amüsement in die Höhe. „Wissen Sie das wirklich nicht, oder stellen Sie sich nur dumm?"

„Ich weiß es wirklich nicht."

Am liebsten hätte er hinzugefügt: Es interessiert mich auch nicht, nicht die Bohne interessiert es mich, das Einzige, was mich interessiert ist die Tatsache, dass Sie bald ihr Portemonnaie öffnen werden, um möglichst viel für NIX zu bezahlen, werter Herr.

Doch das verkniff er sich. Logo.

„Der Name. Es ist der Name. Ro-now. Da ist alles drin. Das Haus Romanow, meine ich. Es fehlt nur >ma< in der Mitte, und damit ist diese Säuglings-Austausch-Intrige, also falsches Baby an Ma, sprich Mama, raffiniert angedeutet und zugleich aufgeschlüsselt."

„Was Sie nicht sagen, Herr Romama-äh-Romanow."

„Nennen Sie mich ruhig weiter Ronow, Herr Ik. Mir ist ja auch die Bezeichnung >Peter der ganz Große< versagt geblieben. S i e   wollten das so."

„Ich wollte das so??? Da täuschen sie sich aber gewaltig, Herr Ronow."

„Doch nicht Sie Singular. Ich meine sie Plural. Die Bolschewisten und ihre Anhänger, und überhaupt alle Feinde des Zaren. – Mein Gott, kommen Sie denn vom Mond?"

„Nein, von der ..." Er kam wieder nicht bis zum Satzende. War wohl ein Hobby von Peterle, dem Gesprächspartner   einfach   so   den   Saft abzudrehen.

„Ist doch egal, woher Sie kommen. Sie verstehen das Ganze doch nicht. Aber trösten Sie sich, Herr Ik, ich habe auch Jahre meines Lebens gebraucht, um hinter das Geheimnis zu kommen. Und als ich es endlich begriff, mir die Zusammenhänge klar wurden und der Schleier vor meinen Augen verschwand, da habe ich natürlich meine Mutter zur Rede gestellt. Gefragt, gebohrt, warum sie bei diesem grausamen Scharadespiel mitgemacht hat."

„Und?"

„Erst hat sie geleugnet, natürlich, dann hat sie gesagt, sie hätte es nur für mich getan. Um in meiner Nähe sein zu können. Ein liebendes Mutterherz eben." Herr Ronow hatte sich offensichtlich wieder gefangen und schenkte Kaffe – mittlerweile lauwarm – nach.

„Aber…" Herr Ik war verwirrt. „Aber sie ist doch gar nicht Ihre Mutter. Ich meine, das müsste doch dann diese Zarin sein, die Frau von diesem Nikolaus…"

Blassblaue Augen sahen ihn milde und verzeihend an. „Das können Sie natürlich auch nicht wissen, wie auch, dass nicht nur ich unschuldiger Säugling vertauscht wurde, sondern Jahre zuvor ebenso meine Mutter. Somit bin nicht nur ich allein der Zarewitsch, somit ist auch meine Mutter die echte, wahrhafte Zarin. – Das leuchtet doch ein, oder?"

Der Zarewitsch hielt ihm die Keksdose als freundliche Aufforderung hin, und Herr Ik griff ohne zu zögern zu. Dieser Kunde kostete Nerven, da musste man alles tun, um bei Kräften zu bleiben.

„Wie schön für Sie, Herr...Herr Peter, dass Sie mit ihrer lieben Frau Mutter wieder vereint sind, wenn auch fern von Mütterchen Russland, dem, wie ich annehme, geliebten Vaterland."

„Ja." Herrn Peter-Oder-Wer-Weiß-Wer stiegen Tränen in die Augen. Nicht viele, etwa eine pro Auge nur, aber sehr effektvoll. Maria Schell selig hätte es nicht schöner machen können. „Darum leide ich auch so, zumindest sporadisch, verstehen Sie. Das Heimweh. Die Wolga, der Petersdom, der Schnee, der Don-Kosaken-Chor, die Bären, die Fellmützen, der Pepe..."
„Der Pepe?"

„Ach, verzeihen Sie, ich vergaß, dass Sie ja keine Ahnung haben: Pepe heißt der Geistliche der orthodoxen Kirche."

Mit schwärmerischem Blick fixierte er einen Punkt irgendwo im luftleeren Raum, ganz weit hinten, ganz weit weg. „Ach, Rrrrrrrußland, Vatterrrrrrrland, ach! Urps!" Er rülpste.

Herr Ik schaffte es, tief beeindruckt zu nicken und – wie nebenbei – seinen Koffer zu postieren und zu öffnen. Sein heimwehtrunkener und bisher kaufunwilliger Kunde wandte sich ihm wieder zu. „Verzeihen Sie nochmals, aber das ist die russische Seele in mir. Immer, wenn es mich besonders schlimm überkommt mit dem Heimweh, kocht Mama mir die russischen Eier."

Herr Ik horchte interessiert auf. Aha, das war doch ein feiner Anhaltspunkt. Eier. Gekocht. Soso. >Bären, Eier, Pepe< speicherte er im Hirnkasten, oberste Schublade. Gleich, wenn er allein in der Küche war, würde er die entsprechenden Informationen abfragen. Aber noch war er nicht in der Küche. Noch saß er hier neben einem zum Manne ausgewachsenen zaristischen Säugling und schlabberte lauwarmen Kaffee.

„Sie mögen russische Eier, Herr Ronow?"

„Jaaaa, schon...."

Das klang nicht überzeugend. Er musste nachhaken. „Essen Sie sie oft, diese russischen Eier?"

Peter der fast Große stöhnte auf: „Das ist es doch, ich esse sie andauernd. Mit klein geschnittenen Gürkchen und so, Sie wissen schon. Es hilft ungemein. Nach vier bis sechs Eihälften, je nach Intensität meiner

Heimwehanfälle, habe ich Russland vergessen. Dann liegt mir nur noch eins schwer im Magen."

„Die Oktoberrevolution?"

„Nein, die Majonäse." Allein schon der Gedanke und das ausgesprochen Wort veranlassten Herrn Ronow zu einem, urps, weiteren Rülpser. „Entschuldigung."

„Bitte." Herr Ik entschuldigte gern, denn nun konnte er seinen russischen Bären endlich aus der Höhle locken und den längst überfälligen Verkauf über die Bühne ziehen. Er hatte schon viel zu viel Zeit mit artigem Zuhören zugebracht. Eventuell umsonst, wenn gleich die Frau Zarenmama hereinmarschierte und sein ganzes Konzept über den Haufen warf. Er gab seiner Stimme die Färbung, die der Medizinroboter hatte, wenn er ihn wieder einmal daran erinnerte, dass zu viel Lesen seine Gesundheit schädigte und dass er bereits sein drittes Paar Augen auf Krankenschein in Anspruch genommen hatte und überhaupt, der Gesundheitsminister wies doch ausdrücklich vorn auf der Buchklappe darauf hin, und der Apotheker auch und so weiter und so weiter. Immer dasselbe Blabla, aber immer wieder eindrucksvoll.

„Herr Ronow, Sie wissen doch, dass zu viel Heimweh Ihrer Gesundheit schadet, und Sie wissen auch, dass Sie etwas dagegen tun müssen."

„Noch mehr Majonäse?!?" Herrn Ronows Stimme klang angsterfüllt.

„Aber nicht doch. Alles was Sie brauchen, Herr Ronow, habe ich hier in meinem Koffer. Extra für Sie, Herr Ronow: NIX. In diversen Ausführungen, zu kleinsten Preisen. Sie können zwischen dem Mini-Kennlern-Röhrchen , dem praktischen Mehrpack-Angebot bis hin zur Luxus-Röhre, für Damen mit rosa Samtbezug, für Herren in klassisch edlem Kammgarn, auswählen. Doch wie auch immer Sie sich entscheiden werden, werter Herr Ronow, Sie werden von der Wirkung begeistert sein, denn NIX wirkt sofort und nachhaltig gegen Heimweh. Und das, ohne die Magenschleimhäute zu reizen. – Wenn ich Ihnen nun die Wirkweise demonstrieren dürfte? Ihre Frau Mutter wird sicherlich nichts einzuwenden haben, wenn ich mich zu diesem Zweck – es geht ja immerhin um das Glück des Zarengeschlechts und damit auch um die

Zukunft Russlands – kurz in die Küche zurückziehe, ja?"

Er war bereits aufgestanden und hatte die Klinke zur weißen Küchentüre heruntergedrückt, als Peter der Zar ihm zurief: „Aber bitte, bitte keinen Dreck machen, das schätzt Mama gar nicht! Und fassen Sie um Himmels willen nicht das gute Zwiebelservice an, das ist nur für Feiertage; nehmen Sie das Steingutgeschirr, das tut's auch. Und wenn Sie schon kochen müssen", hallte es durch die geschlossene Tür nach, „dann wischen Sie bitte gleich die Spritzer vom Herd, denn wenn die mal angetrocknet sind, o je, und der Boden, denken Sie bitte auch an den Boden, die Fliesen haben ein Muster, da sieht man alles, jedes Krümelchen, o, o…"

O, o, dachte sich auch der Außendienstmitarbeiter der NIX PLANETENGMBH&COKG, als er sich an die Arbeit machte.

ERSTER SCHRITT:

Finger ins Ohr, Info-Abruf. Eingabe in dieser Reihenfolge: Bären, Eier, Pepe. Was dabei herauskam, war mehr als mager. Eine zoologische Abhandlung über Pelztiere als solche und Bären im Besonderen. Untauglich für seine Zwecke. Die Kiste mit den Eiern war wesentlich interessanter. Nachdem die Infofuzzis von der Venus ihn mit dem Großen ABC der Legetiere – vom Schnabeltier bis zum Perlhuhn – gelangweilt hatten und er entsprechend grob werden musste, überrollten sie ihn mit einer Lawine von Eier-Rezepten. Das war allerdings auch nicht das, was er wollte.

Vielleicht half ihm das Stichwort >Pepe<, die Sache irgendwie einzugrenzen und griffig zu machen.

Antwort bezüglich >Pepe<: „Piep. Männername mexikanischen Ursprungs, kommt in Omas Schlagern häufig in Zusammenhang mit Sombreros, Tequila und Eseln vor. Könnte auch, piep, da müssen wir aber in ein anderes Archivprogramm rein, piep, auch der Name eines brasilianischen Fußballspielers sein, piep, piep."

„Ach was, ihr Hochfrequenzintelligenzler, das ist ja das Neueste, dass der P-e-l-e bei euch Pepe heißt! Das ist wirklich der Hit, dass ihr da oben in der Infozentrale sitzt, mit dickem Gehalt und Pensionsberechtigung, und euch von einem armen gehetzten Außendienstler korrigieren lassen müsst! Das ist echt der Hammer, ist das!"

„Piep, blas dich nich so auf, Ik, bloß weil du versehentlich mal eine Nanosekunde lang aufgepasst hast im Universumgeschichtsunterricht. Piep."

„Genug gescherzt, Leute, mir pressiert's, und ich hab null Bock auf lange Opern. Jetzt gebt mir mal durch, ob es einen Zusammenhang zwischen Pepe und Russland gibt."

„Bittesehr, bittegleich. Piep, piep, piep. Aufgehorcht, Ik, in Rußland gibt's keinen Pepe, dafür aber einen Pope. Ist'n Geistlicher. Schwarzer Kittel, langer Bart, schwarzer Deckel auf'm Kopp. Klar?! „

„Klar. Bleiben also die Eier. Dann schickt mir mal ein Rezept mit Eiern rüber, das nicht den leisesten Hauch mit Russland zu tun hat, ja? Und noch was: Keine, Majonäse, keine Gürkchen."

„O.K. und Tschüss, wir haben gleich Kaffeepause. Piep."

Das Rezept klang und las sich toll. Weit und breit keine Majonäse und kein Russland, dafür viel Chili und Knoblauch. Das würde dem zaristischen Säugling gut tun. Also weiter.

ZWEITER SCHRITT:

Ausgedrucktes Rezept vor den Visualisierungsschirm.

DRITTER SCHRITT:

Donkretisierungstaste drücken.

VIERTER SCHRITT:

Den Reisrand auf den Teller – Achtung: Steingut verwenden, keinesfalls das Zwiebelmusterporzellan! – stürzen, die Soße und die hart gekochten Eier hinein geben, NIX drüberstreuen und

FÜNFTER SCHRITT:

Auftragen.

Peter der Große kostete, röchelte, verdrehte die Augen und bat um ein Glas Wasser. Als er das heruntergekippt hatte, löffelte er munter weiter.

„Und? Denken Sie noch an die alte Heimat Mütterchen Russland???"

„Könnte ich noch ein Glas Wasser haben, bitte, das schmeckt ja fantastisch."

Herr Ik holte das Wasser, ließ aber nicht locker. „Ich meine, was sagen Sie zum Thema Heimweh?"

„Nitschewo!" sagte Herr Ronow, aß absolut alles auf und gab sich der Verschwendungssucht hin. Er opferte sein gesamtes Wochentaschengeld für zwei Mini-Kennlern-Röhrchen NIX, drückte Hern Ik dankbar die Hände und geleitete ihn hinaus.

Als Herr Ik das winzige Gartentor zuwarf, riskierte er noch einen Blick zurück. Er sah Peter den Großen hinter der Gardine, ein sattes

Grinsen im Gesicht. Konnte es sein, dass er ihm für einen winzigen Moment mit dem linken Auge zuzwinkerte???

Ein unfreundlicher, geradezu garstiger Gedanke huschte dem venusianischen Vertreter durchs Hirn. Er fing an mit >Ob der mich wohl vera....< und endete im Nichts. Weil er eben so garstig war, dass Herr Ik ihn unter gar keinen Umständen zu Ende denken wollte.

KREOLISCHE EIER

Zutaten:

(für 4 Personen)

8 hart gekochte Eier

6 Eßl. Öl

2 Zwiebeln

2 Knoblauchzehen

100 g Selleriewürfel

1 Paprikaschote

100 g frische Pilze

3-4 Tomaten

1 Lorbeerblatt

Rotwein (oder Fleischbrühe)

Salz, Pfeffer

Chilipulver

1 Butterkugel

Zubereitung:

Das Öl erhitzen und die gewürfelten Zwiebeln, die Knoblauchzehen, die Selleriewürfel und die gewürfelte Paprikaschote darin andünsten. Gut umrühren. Wenn die Zwiebeln glasig geworden sind mit Salz und Pfeffer würzen, einige Löffel Rotwein (oder Fleischbrühe) zugeben, ebenso das Lorbeerblatt, und zugedeckt weiterdünsten. In der Zwischenzeit Tomaten pellen, würfeln. Die Pilze grob hacken. Beides dazugeben und unter ständigem Rühren auf schwacher Hitze 15 bis 20 Minuten dünsten. Die verdunstete Flüssigkeit dabei wieder mit Rotwein (Fleischbrühe) ergänzen. Die Sauce mit der Butterkugel binden und so scharf wie möglich mit Chilipulver abschmecken.

Die hart gekochten Eier schälen und in die Sauce geben.

Als Beigabe kann man herzhaftes Brot reichen oder gekochten Reis. (In einem Reisrand kommen die Kreolischen Eier optisch und geschmacklich besonders gut zur Geltung.)

6. Teil:

NIX holt Elfriede die Fische vom Himmel

Lässt ein guter Vertreter sich durch einen miesen Abschluss am Morgen den ganzen Tag vermasseln? Nein, lässt er nicht. Unter gar keinen Umständen. So stand es in die Goldene Tafel gemeisselt, als 79. der 100 Verhaltensmaßregeln, und Herr Ik hielt sich daran. Madame Mishkutjonok, Königin der NIX PLANETENGEMBH & COKG, sollte ihre Freude an ihm haben. Herr Ik ließ ihr Bild vor seinem geistigen Auge erstehen. Da stand sie dann in ihrer lackledernen Pracht vor ihm, die gestiefelten langen Beine übereinander geschlagen, mit der rechten Fußspitze ungeduldig wippend, wie es ihre Art war, die Zigarettenspitze in der einen, den Jahresabschlußbericht in der anderen Hand. Das Scheinwerferlicht spiegelte sich in ihrem kurz geschnittenen mandarinenroten Haar und den dicken Brillengläsern, die ein Paar herrlich grüne, immer schläfrig wirkende Augen verbargen.

Seit ungefähr 47290 Lichtjahren, genau genommen seit seiner Trennung von Isabella, wusste er, dass er sie liebte. Wahrscheinlich hatte er sie schon immer geliebt. Genau wie cirka 60 Prozent aller Außendienstmitarbeiter es taten, Herrn Quetzelcotl, Vertriebsleiter Venus Unterirdisch I-III, eingeschlossen. (An dieser Stelle zu erläutern, woran die restlichen 40 Prozent ihre erotischen Fantasien entzündeten, wäre ein zu kompliziertes und zu delikates Unterfangen.)

Einmal im Jahr war es ihnen vergönnt, Madame Mishkutjonok auf dem Lasermonitor in der eigens zu diesem Zweck festlich dekorierten Kantine zu sehen. Dann verlas sie ihren Bericht, gab Parolen für das folgende Geschäftsjahr aus, sprach Tadel (= privater Weltuntergang) und Lob (= höchste Wonne) aus. Vertreter mit exzellenten Verkaufsergebnissen erhielten eine Gratifikation in Höhe von 100 bis 200 Flockis. Mitarbeiter, die nicht nur gute Arbeit erzielt hatten, sondern – in welcher Form auch immer – zum Ruhme der Firma beigetragen hatten, konnten ein Medaillon mit ihrem Porträt entgegennehmen oder zumindest ein Sammelbildchen. Überreicht von Fräulein Rostnikow, der Rechten Hand der Firmenchefin.

Dazu gab es Applaus der gesamten Belegschaft und Anstoßen mit Supernovasekt. So sah das Paradies aus. Zumindest in der Vorstellung des Herrn Ik. Ob es ihm je vergönnt wäre ....?

Herr Ik verließ die Reihenhausplantage um nicht Gefahr zu laufen, weiteren zaristischen Taschengeldempfängern in die Arme zu laufen und wandte sich dem Hochhausblock zu, der seinem Sinn für Ästhetik näher kam und nicht mit Blumenkübeln und anderen Scheußlichkeiten garniert war. Wie mit dem Lineal gezogen ragte das Hochhaus in den Himmel, betongrau und klotzig, wie es sich gehörte. Vor der stattlichen Ansammlung von Schildchen und Knöpfchen schloss er die Augen, ließ den Zeigefinger kreisen und drückte dann spontan zu. In diesem Augenblick klingelte es bei Fräulein Elfriede Höhnlein.

„Wer da, bitte?"

„Ik, mein Name. Könnte ich Sie in einer wichtigen Angelegenheit sprechen? Ich werde gewiss nicht viel Ihrer kostbaren Zeit in Anspruch nehmen."

„Sagen Sie noch was."

„Was möchten Sie denn hören, Frau Höhnlein?"

„Fräulein, bitte. Ich gehöre bereits zu den prèsfeministischen Frauen und sehe in dem >lein< keine Verniedlichung, sprich Diskriminierung, sondern die realistische Angabe meiner Familienverhältnisse. Ich bin selbstbewusst genug, die Umwelt und speziell die Männerwelt von meiner Ungebundenheit, sprich meinem Ledigsein in Kenntnis zu setzen und damit zu signalisieren, dass ich einem Annäherungsversuch nicht ablehnend gegenüber stehe. ----- Hallo, sind Sie noch da?"

„Sehr wohl, Frau---sprich---Fräulein Höhnlein."

„Na dann sagen Sie doch endlich was."

„Was denn?"

„Irgendwas. Ich will nur Ihre Stimme hören."

Herr Ik fühlte sich über alle Maßen geschmeichelt. Dieses herrliche Weib begehrte seine Stimme zu hören. S t i m m e , hatte sie gesagt. Sie hatte nichts von Näseln erwähnt. Er räusperte sich und begann eins seiner selbst verfassten Gedichte (entstanden während einer seelischen Leidensphase in der Pubertät und so überwältigend beeindruckend, dass er es heute, dem Jünglingsalter längst entwachsen, immer noch auswendig konnte) zu deklamieren:

„O FRÜHLINGSSCHMERZ
DRINGST IN MEIN HERZ
UND ICH FLIEGE FORT
FORT AN DEN ORT
WO DIE HYÄNEN
TRAURIG GÄHNEN.“

„Sie können hochkommen“, meldete sich Fräulein Höhnlein und ließ es summen.

Es hat ihr gefallen, keine Frage, dachte Herr Ik, als er im Fahrstuhl stand. Bevor ich NIXDA präsentiere, kann ich ihr eventuell noch das

Sommer-adé-Gedicht vortragen, mal sehen, dachte er weiter, als er durch die weit geöffnete Wohnungstür trat.

„Hallo, hallo, Fräulein Höhnlein, wo sind Sie?"

„Hier, hinter der Tür. Sie haben sie etwas zu schwungvoll aufgestoßen, mein Bester. Achgottachgottachgott, Sie strotzen ja richtig vor Energie. Haben wohl etwas besonders Schönes vor, heute, was?" Sie kicherte, während sie mit zwei Fingern ihr Nasenbein rieb.

„Ich, äh, ich wollte, also eigentlich…" Herr Ik hielt inne, um das lädierte Nasenbein in Einzelnen und das Fräulein im Ganzen zu betrachten. Sie war pummelig, wasserstoffblond und, was die Kleidung anbelangte, stark gerüscht. Nett.

„Hat Ihnen das Gedicht gefallen?"

„Nö. Aber Ihre Stimme. Sie haben gute Schwingungen in der Stimme. Sind Sie ein Widder?"

„Nein, ich bin ein..."

„Also Löwe."

„Zeus bewahre!"

„Hm." Sie schritt um ihn herum und musterte ihn wie eine dieser modernen Skulpturen im Museum. „Für eine Jungfrau haben sie zu sinnliche Lippen, und für einen Stier sind Sie, wenn ich mir Ihren Bürozwirn begucke, nicht eitel genug. Hm."

Herr Ik beschloss, möglichst rasch zum geschäftlichen Teil überzugehen, da sie keinerlei Ambitionen zeigte, mehr von seinen Gedichten hören zu wollen. „Fräulein Höhnlein, ich bin hier bei Ihnen, um die Vorzüge eines sensationellen, neuartigen Produktes aufzuzeigen; wenn Sie nun bitte Ihre Aufmerksamkeit weniger mir, als diesem Koffer hier zuwenden wollen, dannn…"

„Geschäftstüchtig ist er also, der Herr – wie war doch gleich Ihr Name?"

„Ik."

„Herr Ik, Ihr Geschäftssinn und Ihre Nase verraten es. Eigentlich hätte ich gleich drauf kommen können: Sie sind eine Waage, hab ich Recht?!"

Der Einfachheit halber nickte er. Gut, dann war er eben eine Waage, was immer das auch zu bedeuten hatte. Irgendwie hatte er den Eindruck, ein wichtiges Kapitel Geschichte im Unterricht verpennt zu haben. Könnte peinlich werden. Aber vielleicht gab sie ja auch Ruhe, jetzt, wo er gestanden hatte, ein Wiegeinstrument zu sein.

Fräulein Höhnlein dachte nicht daran. „Schade, wirklich schade. Einen Moment lang, aber wirklich nur einen Moment, habe ich Sie für einen Fisch gehalten. Weil sie so zärtlich sein."

Sie errötete, und nicht einmal sanft. Volle Pulle rot. „Ich meine...nicht wegen mir...also nicht dass Sie denken, ich meinte...nein, nein! Ich meine das nur, weil Sie Ihren Koffer so...so zärtlich, ich meine, so gefühlvoll handhaben, ja, das meine ich." Der Rotton in ihrem runden

Gesicht war um einigen Nuancen schwächer geworden. „Es muss etwas Besonderes in diesem Koffer drin sein, nicht wahr?"

B i n g o ! In diesem Koffer steckten sowohl Vergangenheit als auch Zukunft eines dynamischen, vorwärts strebenden venusianischen Vertreters. Herr Ik tätschelte ihn zärtlich, bevor er ihn mit Schwung auf dem nächst liegenden Möbelstück platzierte. Dabei handelte es sich, wie sich Sekunden später herausstellte, um ein gut geöltes und daher einwandfrei funktionierendes Klappbettsofa. Somit standen Herr Ik und Fräulein Höhnlein nicht länger vor einem Sofa, sondern vor einem Bett.

Das Fräulein blickte ihn lange und durchaus anerkennend an. „Sie haben echt viel Elan, Herr

Ik. Das ist erstaunlich für eine Waage. Welchen Aszendenten haben Sie denn?"

Herr Ik dachte an die Regel Nummer 45, die da lautete >EIN GUTER VERTRETER ZEIGT SICH SEINEN KUNDEN WEDER SCHOCKIERT NOCH VERLEGEN< und antwortete munter: „Ja, die Aszendenten!" Währenddessen ließ er alle möglichen Pikanterien des Universums durch seinen Kopf rattern, doch es wollte sich keine finden, die zu dem Wort >Aszendenten< passte. (Ihm fiel nur eine Gegen-Den-Strich-Bürsten-Technik ein, die die zottelhaarigen Zwitterwesen vom Roten Riesen als Auftakt einer Reihe von derben Vorspielen anwendeten. Doch die hieß >Azuzuduz< oder so ähnlich und hatte bestimmt nichts mit Fräulein Höhnlein zu tun.)

„Na los, sagen Sie´s mir."

„Sie wollen im Ernst wissen, welchen... Interessiert Sie das wirklich?"

„Aber ja doch. Astrologie ist mein Hobby. Ich könnte Ihnen sogar, wenn Sie wollen, Ihr Horoskop erstellen."

Es machte KLICK im Ik'schen Gehirnkasten und schon rutschten Stichworte wie Sternbilder, Sterndeuterei, Weissagung in sein Bewusstsein. Ach so war das!!! Na, da konnte er doch endlich mitreden. Die Sternguckerei war auf der Venus zwar schon seit dem letzten Urknall aus der Mode, aber Zukunftsvoraussagen waren immer noch in. Letzter Schrei war die Methode, einen gekochten Knödel in noch heißem Zustand in die Luft zu werfen und anhand der Formgebung der Dampfschwaden gewisse Schlüsse auf kommende Ereignisse zu ziehen. Mit dieser

Methode erzielte man prima Ergebnisse, vorausgesetzt, die Knödel waren heiß genug und wurden hoch genug geworfen. Herr Ik hielt viel von ihr und schwankte einen Sekundenbruchteil lang, ob er der Blonden die Vorzüge dieser Art von Weissagung gegenüber der albernen Sternenguckerei erläutern sollte. Gerade noch rechtzeitig fiel im die 66. der Goldenen Regeln ein, die unmissverständlich feststellt, dass der Kunde nicht die Bohne Wert drauf legt, über irgendetwas belehrt zu werden.

„Also, mein Aze-Aszendings ist............ Ob ich mich wohl auf das Bett setzen dürfte?"

Fräulein Höhnlein machte eine einladende Handbewegung, ließ ihn ansonsten aber voll in der Luft hängen.

„Nun, wie ich bereits erwähnte, mein Anliegen ist…"

„Ihr Aszendent!" Fräulein Höhnlein zeigte sich außerordentlich zielstrebig, um nicht zu sagen stur.

Wenn er doch nur den Finger ins Ohr stecken könnte, dann würden die Hampel von der Infozentrale ihm auf die Sprünge helfen. Aber so…. Keine Aussicht. Sie starrte ihn unentwegt an, und in Anwesenheit einer Dame war ein Finger im Ohr absolut ungehörig. Das war auf der Venus und links und rechts davon so, das würde hier unten auf dem Blauen Planeten nicht anders sein. Herr Ik entschloss sich, zu improvisieren.

„Dackel", verkündete er mit fester Stimme.

„Dackel?"

„Jawohl, Dackel. Darf ich Ihnen jetzt die Vorzüge unseres neuartigen Produkts NIXDA, kurz NIX, anhand von einigen Beispielen erläutern; oder wenn Sie vielleicht einen Blick in den Prospekt Produktbeschreibung werfen wollen?" Er öffnete den Deckel seines Koffers und stellte einige Röhrchen, nach Größe geordnet, im Kofferinneren ab.

Fräulein Höhnlein startete mit einem leisen Glucksen, ging zu einem lauten Gurgeln über und ließ dieses in einem trompetenartigen Prusten untergehen. Dabei umschlang sie mit beiden Armen ihren Bauch und warf sich neben Herrn Ik auf die Matratze. Was zur Folge hatte, dass alle Röhrchen im Musterkoffer umfielen.

„Kann ich Ihnen helfen? Ist Ihnen nicht wohl, Fräulein Höhnlein?"

„Nei-ein, danke." Sie richtete sich, immer noch prustend, wieder auf. „Musste nur so lachen wegen dem Dackel. Das war echt lustig. Und dazu dann noch Ihr ernstes Gesicht. Sie haben ausgesehen wie eine Birne, die gerade das Examen für Volkswirtschaft abgelegt hat und zum Personalchef spricht. Nein, war das süüüüüüüüß!"

Mit kleinen weichen Händchen zupfte sie an ihren Wasserstofflocken und den Blusenrüschen herum, wobei sie nicht die geringsten Anstrengungen unternahm, vom Bett runterzukommen.

Frauen.

Herr Ik sah sich in seinen Vorurteilen bestätigt. Sie sind eben so. Alle. Überall. Sagen dir was Nettes und stoßen dir dabei das Kartoffelschälmesser ins Kreuz. Mit einem Lächeln. Jede von ihnen mit einem Metzgerhundgemüt gesegnet. Frauen, na ja. Er legte den Koffer auf seinen Schoß und stellte die Röhrchen eins nach dem anderen wieder auf.

„Es tut mir Leid", sagte sie leise.

„Wie bitte?"

„Ich meine, dass ich so gelacht habe wegen dem Dackel und der Birne." Erschrocken legte sie einen Finger auf den Mund. „O."

„Was: O?"

„Das mit der Birne, ich meine, mit Ihrem Kopf, o, schon wieder! Ich bin grässlich!"

Sie war ein wenig näher gerückt. Er fürchtete ernsthaft um seine Röhrchen-Parade. Noch stand sie.

„Fräulein Höhnlein, ich weiß nicht, von was Sie sprechen (wie sollte er auch, er hatte nur mit einem halben Ohr zugehört), aber ich würde Ihnen nun wirklich gern ……"

Sie roch nach Vanille. Lecker. Er hielt eines der Röhrchen in die Höhe: „ Hier, in diesem Plastikrohr halte ich Ihre Zukunft in Händen, Fräulein Höhnlein!"

Ihr Gesicht war ein einziges Fragezeichen. „In diesem winzigen Ding? Sind Sie da ganz sicher?"

Herr Ik griff zum Maxi-Röhrchen im Dreierpack. „Sie können selbstverständlich auch das haben. Es ist wie geschaffen für Sie, mein Fräulein, und fast geschenkt. Sie sparen gegenüber dem Minipack ganze – (Pause) – warten Sie, lassen Sie mich mal ausrechnen – achtundneunzig minus fünfkommasechs Prozent mal zehn, macht genau – fünf im Sinn, eins weiter ..."

Ein trauriger Seufzer entrang sich Fräulein Höhnleins Busen. „Jetzt weiß ich's. Jungfrau. Ihr Aszendent ist garantiert die Jungfrau. Waage mit Jungfrau. Tja... Kannze nix machen. Schade." Sie rückte wieder ein Stück ab.

„Also Sie sparen genau - was haben Sie gesagt, Fräulein Höhnlein?"

„Nichts Besonderes. Schon gut. Es wäre halt zu schön gewesen."

„Was, bitte, wäre zu schön gewesen?"

„Wenn Sie ein Fisch gewesen wären."

„Ich? Ein Fisch???"

„Das Sternzeichen, meine ich."

Fräulein Höhnlein hatte sich abrupt erhoben, was ihm gar nicht gefiel. Und das lag nicht daran, dass sie dabei die Röhrchen-Parade erneut zum Einsturz gebracht hatte. Nein, es war etwas anderes. Die Vertrautheit, die sich so selbstverständlich eingestellt hatte, als sie Schulter an Schulter auf dem Bett gesessen hatten, war verschwunden. Genau wie der Vanilleduft.

„Ach so."
Sie schwieg, und er kam sich geradezu dämlich vor, wie er da auf dem Klappbett hockte, den Koffer auf den Knien, das Maxi-Rohr dramatisch hoch gestreckt. Er ließ den Arm sinken und kramte, peinlich berührt und verschüchtert, im Koffer herum. Auf der Suche nach... Er wusste es selbst nicht. Egal, Hauptsache, er tat etwas.

Fräulein Höhnlein seufzte erneut. „Typisch Aszendent Jungfrau, so pflichtbewusst und gewissenhaft."

„Sie mögen keine Jungfrauen und keine Waagen, nicht wahr?"

Herr Ik unterließ die Kramerei und sprang auf. Ehe ihm überhaupt bewusst war, was er tat, hatte er ihre Hände ergriffen. Beide. Weiche Patschehändchen. Und wieder der Duft von Vanille. Seine Herzmaschine überdrehte fast und verbrauchte im Stand eine Manganknolle. Das war mehr als sein Monatsverbrauch. Auch egal. Er senkte den Kopf, um auf jedes der Händchen einen Kuss zu drücken. Dabei streifte ein Haarbüschel ihr Kinn.

Sie kicherte. "Ihr Kopf! (kicher, kicher) Er hat wirklich die Form einer …(kicher, kicher)"
Langsam entzog sie ihm die Hände und brachte ihn damit auf den Boden der irdischen Realität zurück.

„Und Sie mögen keine Birnen", stellte Herr Ik sachlich fest.

Er richtete seinen Krawattenknoten und begab sich zu seinem NIX-Koffer auf sicheres Terrain. Es war wohl angebrachter, sich vom Vanille-Fräulein fernzuhalten. Drei Meter Abstand mindestens. Allem Anschein nach hatten Vanilleduft, Wasserstofflöckchen und Patschehändchen, zumindest in dieser Dreierkombination, auf ihn eine verheerende Wirkung.

„Das dürfen Sie nicht persönlich nehmen." Fräulein Höhnlein sandte ihm über 2,5 Meter einen bittenden Blick zu.

„Es ist nur so, dass Waagen zu leichtsinnig sind und Jungfrauen zu pedantisch und überhaupt nicht mit mir harmonisieren." Sie kam einen Schritt näher. Er spürte bereits, wie die gefährlichen Duftwölkchen auf ihn zuwaberten. Hoffentlich kam sie nicht noch näher, denn wenn er weiter zurückging, landete er wieder auf dem Klappbett.

„Ich verstehe, Sie warten auf einen Fisch."

„Ja!!!" Alle Sehnsucht dieser Welt lang in ihrer Stimme. „All meine Berechnungen sagen mir, dass der Mann, der für mich bestimmt ist, ein Fisch ist."

„So so. Ihre Berechnungen. Und Sie meinen darauf sei 100prozentig Verlass?"

„Selbstverständlich." Fräulein Höhnlein sah ihn über alle Maßen wissend an, etwa so, wie man eine Fliege anguckt, die zu blöde ist, den

Unterschied zwischen Luft und Glasscheibe zu erfassen. „Das sagen die Sterne. Das ist wissenschaftlich erwiesen, dass unser Schicksal im Himmel vorgezeichnet ist."

„Und für Sie hält der Himmel einen Fisch parat?" Herr Ik konnte einfach nicht der Versuchung widerstehen, sich dieser flapsigen Formulierung zu bedienen. Wahrscheinlich, weil es ihn kränkte, dass sie einen schuppigen Fischkopf einer wohlgeformten Birne vorzog.

„Jawohl. Mein Traummann ist ein Fisch, wenn möglich mit Stier als Aszendent, und er ist gutmütig, feinfühlend und anspruchsvoll. Zudem ist er heiter, gerecht, erfolgreich und sexy, so!" Sie setzte noch eins drauf. „Er passt einfach wunderbar zu mir!"

„Ach?! Und wir anderen, äh, ich wollte sagen: die anderen, die taugen wohl alle nichts, was?!"

Ein Vanillewolkenzipfel hatte sich den Weg bis hin zu seinem rechten Nasenloch gebahnt. Kein Wunder also, dass er dermaßen unqualifiziertes Zeugs sprach. Man stelle sich vor, einer der besten NIX-Außendienstmitarbeiter gab Sachen von sich, die verkaufsstrategisch gesehen eine mittelschwere Katastrophe waren. Grundgütiger Grottenolm!!! Ein Segen nur, dass Madame Mishkutonok ihn weder sehen noch hören konnte. Er sog das ganze Wölkchen gierig ein und gab sich mit jeder Körperzelle der Vanille hin. „Da sitzen Sie also hier oben in Ihrem Hochhausstübchen mit Klappbettsofa, wertes Fräulein Höhnlein, und warten. Und alles, was sich den Weg zu Ihnen bahnt und zufälligerweise kein Fisch ist, wird gnadenlos weggekichert. –

Finden Sie das schön, Fräulein Höhnlein, hm???"

„Nun, ich ...... ich wollte Sie ganz bestimmt nicht kränken, Herr Ik, doch es ist nun mal so: Die Sterne lügen nicht!"

„Blubber-blubber-blubber! Die lügen ohne Ende, wenn es ihnen in den Kram passt, denn in ihnen steckt so viel Moralgefühl wie in einem Pfeifenreiniger unterster Preisklasse! Ha!"

Er war mittlerweile total im Vanillerausch, es war herrlich. Auf Fräulein Höhnleins Gesicht hatte sich eine Schicht kindlichen Staunens gelegt, was ihn ermunterte, zum entscheidenden verbalen Schlag auszuholen. „Und was wäre, wenn sich die Sterne da oben bloß eine Art Witz mit Ihnen erlaubten, wertes Fräulein, hm? Ein Scherzchen auf Ihre Kosten, gewissermaßen? Was wäre dann, na?!"

Er sah ihr direkt in die Augen. Blankes Entsetzen rund um die Pupille. „Das ... wäre ja furchtbar! Das wäre ganz, ganz schrecklich."

Sie taumelte leicht und steuerte auf einen Stuhl zu. Und wie sie sich so auf ihr kleines, wohl gerundetes und rüschenumspieltes Hinterteilchen niederließ, packte Herrn Ik die Reue. Nein, er wollte nicht den bösen Illusionszerstörer spielen. Warum auch. Sollte sie doch ruhig weiter warten auf einen Quastenflosser oder Hering oder Heilbutt, wenn es sie nur glücklich machte. Und bis eben hatte sie doch noch rosig und fröhlich ausgesehen.

Mikrobenkacke, hätte er doch bloß nichts gesagt!!!

Blödmann, blöder, sagte er zu sich, und zu Fräulein Höhnlein sagte er: „Das war ja nur ein Denkanstoß, mehr nicht. Sie wissen doch, dass ich astrologisch gesehen ungebildet bin, Fräulein Höhnlein. Wenn Sie in dieser Hinsicht recherchiert haben und zum Ergebnis gelangt sind, dass ein Fisch für Sie der Traummann ist, dann wird das wohl stimmen. Zumal ....(er ließ wirkungsvoll eineinhalb Minuten verstreichen) ....es ja wissenschaftlich belegt ist."

Sie schenkte ihm ein strahlendes Lächeln. „Sie meinen auch, dass ein Fisch-Mann für mich ideal wäre, ja? Mal ehrlich, Herr Ik, ganz ehrlich."

Er war ganz ehrlich, als er „Ja doch!" antwortete.

Ein Fisch-Mann wäre für das reizende Fräulein sicherlich gut. Zumindest genau so gut wie ein Waage-Mann, ein Schütze-Mann, ein Löwe-Mann und ein Dackel-Mann, falls es letzteres gab. Hauptsache Mann. Es war schön mit an zu sehen, wie sie auf einen Schlag mopsfidel wurde. Sie summte und pfiff abwechselnd und schleppte, noch ehe er helfend eingreifen konnte, den schweren Musterkoffer herbei.

„So, jetzt zeigen Sie mal Ihr neuartiges Produkt", forderte sie ihn auf, „ich bin ganz Ohr."

Herr Ik erläuterte ruhig und einigermaßen nüchtern (der Vanilleduft hatte sich im Laufe der Stunden etwas verflüchtigt; eventuell war er auch dagegen resistent geworden und nur noch auf höhere Dosen Vanille ansprechbar, wer weiß…) die Vorzüge des Produkts und die

Preiswürdigkeit dieser und jener Verpackung, bzw. Darreichungsform. Seinen Vortrag ließ er mit den Worten >NIX hilft einfach gegen alles!< enden.

„Auch gegen negative kosmische Strömungen?"

„Ganz besonders gegen negative kosmische Strömungen."

„Und wie schmeckt es, dieses NIX?"

„Phänomenal. Es hat den herrlichsten Geschmack, den Sie sich denken können."

„Dann schmeckt es ja .... (ein Stocken der Stimme, verursacht durch ein Übermaß an freudiger Erregung) .... nach Fisch!!!"

„Selbstverständlich schmeckt es nach Fisch."

„Ich … ich kann´s kaum glauben … Fisch … in einem Röhrchen …"

„Sie können es beruhigt glauben, Fräulein Höhnlein. Und nun nehmen Sie wieder ganz bequem Platz und lassen mich machen. Ich werde in die Kühe gehen und Ihnen eine Portion NIX zubereiten. Danach, liebes Fräulein Höhnlein, wird für Sie zur Gewissheit, was Sie so lange schon erahnen: Ihre Zukunft gehört nur einem. Dem F i s c h !"

Mit diesen Worten war er in der blank geputzten Kochkabine, cirka 2 mal 2 Meter, verschwunden.

Finger ins Ohr = Infoservice. „Gebt mir mal ein Rezept für ein besonders schmackhaftes Fischgericht."

„Piep. Fisch??? Äbäääh, ich kann Fisch nich ausstehn. Piep. Haste wirklich Fisch gesagt, Herr Ik?"

„In der Tat. Und dein Geschmack, Nummer 748, is hier absolut nich gefragt. Du hockst doch da auf deinem Platz, um Informationen weiterzugeben, korrekt?"

„Piep. Korrekt. Piep. Sorry, muss mich halt immer innerlich schütteln, wenn ich an diese nasskalten glitschigen Kameraden denke, uuuahhh!"

Heiliger Müllsack, was war denn das für ne Pfeife auf Platz 748?! Gehörte bestimmt zu der Sorte, die auf irgendwelchen Umwegen über irgendwelche Beziehungen zu irgendwelchen Tanten oder Onkeln in führenden Positionen reingerutscht war. Schüttelte sich, während draußen eine Kundin wartete. Ohne Worte.

„Dann schüttel dich, und wenn du dich ausgeschüttelt hast, schickste mir prontopronto das Rezept rüber, klar?" Herr Ik lächelte wie ein Haifisch. Schade, dass der Infotyp ihn nicht sehen konnte. Dieses Lächeln hätte seinen Arbeitseifer garantiert gesteigert. Doch die Null auf Platz 748 gab sich auch so Mühe. Als Ik den Mund öffnete, um das ausgedruckte Rezept herauszuziehen und zu begutachten, brachte er einen anerkennenden Pfiff zustande. „Klingt klasse. Die Füllung für den Fisch, die Speckstreifen obendrauf ....., lecker, lecker."

„Äbäääh!!! Aufhörn, bitte! Piep. Ich seh ja ein, dass ich damit rausrücken muss, piep, aber nichts und niemand kann mich zwingen, piep, mir das noch mal anzuhören. Piep. Ende."

Zu aufrichtig, dieser Typ. Der würde es nicht weit bringen in der Zentrale, diesem Intrigennest. Würde sich in 3000 Jahren noch auf Platz 748 den Arsch platt sitzen, ohne Aussicht auf Beförderung. Brauchte ihn aber nicht zu kratzen. Herr Ik freute sich einfach über das Rezept, denn für Fräulein Höhnlein wollte er sich (eigentlich wollte er ja nicht, tat es aber trotzdem) so richtig ins Zeug legen.

Ob sie schon voller Ungeduld auf ihn wartete?

Sie hatte sich am CD-Player zu schaffen gemacht, weshalb nun Rumbatakte zu ihm herüberklangen: >Mandolinen und Mondschein – takatakata – Mandolinen und Mondschein – tak

– in der spanischen Na-hacht .....
Dudidididibiduuuhhh...<

Herr Ik beeilte sich. Wohl auch, ohne es zu wollen. Finger ab auf die Tasten, ein paar Krümel NIXDA übergestreut, und die duftende, dampfende Fischplatte im Rumbaschritt zu ihr getragen.

„Darf ich zu Tisch bitten, es ist angerichtet." Fräulein Höhnlein hatte ganz beachtliche Mengen von gefülltem Fisch nebst Beilagen (Herr Ik hatte sich für Salzkartoffeln mit Gurkensalat entschieden) in ihren kleinen Mund gestopft und schnurrte wie ein Kätzchen, als sie die Patschehand zielstrebig in den Musterkoffer senkte und die NIXDA-SUPER-LONG-LONG-RÖHRE zutage förderte.

„Die nehme ich", hauchte sie, „und wenn Sie wollen, Herr Ik, erstelle ich Ihnen dafür als Gegenleistung Ihr Horoskop. – Eine einmalige Gelegenheit, Herr Ik, wenn Sie bedenken wie preiswert Ihr NIX ist und wie teuer ein exklusives Horoskop!"

Fast hätte er Ja gesagt. Fast. Nur die Tatsache, dass ihre Vanille-Aroma-Ausstrahlung vom Duft nach gebackenem Fisch und Speck überlagert war, rettete ihn. So nahm er das Geld entgegen, wehrte unter Aufbietung all seiner Kräfte die Versuchung ab, ihr einen 50prozentigen Rabatt zu gewähren und verabschiedete sich, vielleicht etwas zu hastig, von Fräulein Elfriede Höhnlein.

GEFÜLLTER FISCH

Zutaten:

(für 4 Personen)

2 Goldbarschfilets (500 – 750 g)

Salz, Pfeffer

Saft ½ Zitrone

1 Eßl. Butter

3 altbackene Brötchen

1/8 l heiße Milch

1 Dose Champignons (125 g)

½ Bund Dill

3 Eier

½ Tel. Gewürzmischung aus Paprika, Rosmarin, Majoran

6-8 Scheiben Räucherspeck

Zubereitung:

Fisch abspülen, trocken tupfen, mit Salz und Pfeffer einreiben und mit Zitronensaft beträufeln. Butter in einer flachen Pfanne erhitzen und die klein gehackten Zwiebeln darin hellbraun rösten. Brötchen (1 Tag alt) in Scheiben schneiden und in eine kleine Schüssel schichten. Die gerösteten Zwiebelwürfel darauf geben und mit heißer Milch übergießen. Mit einem Teller beschweren und durchziehen lassen.

Währenddessen Champignons in ein Sieb schütten, abtropfen lassen und in Scheiben schneiden. Dill fein hacken und mit Eiern und Champignonscheiben unter die Brötchen kneten. Die Farce mit Salz, Pfeffer und Gewürzmischung pikant abschmecken, auf ein Fischfilet streichen und mit dem zweiten Filet zudecken. Den gefüllten Fisch mit Speckstreifen belegen und mit Garn umwickeln.

Eine feuerfeste Form mit Alufolie auslegen, den Fisch hinein geben und im vorgeheizten Ofen auf mittlerer Schiene bei 200 Grad etwa 30-40 Minuten backen.

Dazu schmecken vorzüglich gebackene Kartoffeln: Kartoffeln waschen, kreuzweise einschneiden, auf das Drahtgitter des Backofens setzen und ca. 45 Minuten garen. Mit Butterstückchen belegen, mit Zitronensaft beträufeln und mit dem Fisch anrichten.

7. Teil:

Herr Ik trifft den Walzerkönig und wildert in fremden Revieren

---

Er fuhr sich mit den Fingern durch die braungefärbten Haarbüschel (im Ansatz war wieder grün zu sehen, er musste unbedingt noch einen Klacks Tönungsschaum auftragen!) und fragte sich, was wohl mit ihm los war. Nur durch Flucht vor einem Kunden hatte er sich einem geschäftlichen Fiasko entziehen können. Spielte es da eine Rolle, dass der Kunde weiblichen Geschlechts, blond und vanilleduftend war??? Nein!!! Das Sinnen und Trachten eines Top-

Vertreters, und als solchen hatte Herr Ik sich bislang bezeichnen können, galt nur einem auf dieser Welt: der Umsatzsteigerung. Ik, Ik, Ik, wohin, verdammt noch mal, sollte das noch hinführen.......

Vielleicht war er ja überarbeitet. Vielleicht ernährte er sich falsch. Zu viel Vitamine, zu wenig Schwermetalle. Das legte sich aufs Gemüt, hatte er mal gelesen. Vielleicht bekam ihm der Klimawechsel Venus/Erde nicht so recht. Vielleicht reagierte er allergisch auf Wohnzimmertische, Klappsofas und Küchentüren.

Fragen über Fragen und weit und breit keine Antwort. Da half nur eins: Sich vollaufen lassen in >HELLAS HELIUM HÜTTE<. Ein paar Dutzend Cocktails in seiner Lieblingskneipe, ein wenig Smalltalk mit Gleichgesinnten in vertrauter Umgebung, und er würde wieder der Alte sein.

Herr Ik verdrückte sich hinter der nächsten Hauswand, wo außer einem kleinen ballspielenden Mädchen keine Menschenseele war. Die Kleine streckte ihm eine erstaunlich lange Zunge raus und wackelte mit den Händen hinter den Ohren. Herr Ik erwiderte diesen freundlichen Gruß. Dann krempelte er die rechte Socke herunter, konzentrierte sich auf den Bestimmungsort Deimos und drückte die Beamtaste.

Er hatte eine Schweineglück, denn er landete direkt auf seinem Stammplatz an der Theke, Barhocker äußerste Ecke mit Blick auf die Tür.

Hella registrierte ihren neuen Gast mit müdem Seitenblick. „Hi, Ik."

„Hi, Hella."

„Wie immer?"

„Wie immer."

Hella war bei Zeus keine Freundin überflüssiger Worte. Sie sprach nur im Notfall und reservierte die Kräfte, die in ihrem sackartigen Körper weilten, für wirklich wichtige Dinge. Das waren nach Hellas Ansicht das Cocktailmixen, das Dihydroxybutandisäure-Zapfen und das Leute-Rausschmeissen. Letzteres liebte die Helium-Hütten-Wirtin besonders. Unter ihren Gästen herrschte die einhellige Meinung, dass sie zur Erhaltung ihres Wohlbefindens ein bis drei

Rausschmisse pro Abend brauchte, andernfalls war sie mürrisch und schenkte die Gläser nur halb voll ein. Ein Grund, warum sich niemand beklagte, wenn es ihn erwischte. Eine durch Unachtsamkeit verursachte Pfütze auf dem Tresen genügte schon, und Hellas Stahlfinger schlossen sich einem um das Handgelenk (bestenfalls) oder den Hals (schlimmstenfalls) und man flog – huuuiii – durchs Fenster in die weite, weite Kraterlandschaft des Deimos-Mondes hinaus.

Dann hatten alle Anwesenden wieder Ruhe und Grund zur Freude: Hella fühlte sich besser und schenkte bei der nächsten Runde so gut ein, dass das kostbare Nass über den Becherrand schwappte. Am Schönsten war es, wenn ein Fremder sich in die Kneipe verirrte. Ein falscher

Blick, ein Wort zu viel, ein paar Kräckerkrümel auf dem Boden und er war dran.

Nicht zuletzt deshalb hießen die Stammkunden jeden Neuen auf das Herzlichste willkommen.

13 Augenpaare verschiedenster Couleur sowie 3 Solo-Augen musterten Herrn Ik hoffnungsvoll.

Fehlanzeige. Kein Neuer.

Alle Schluckspechte des Universums kennen einander, ohne sich jemals gesprochen zu haben. Das ist eines der vielen Mirakel, unerklärlich und wunderbar. Sie sitzen nur da, gaffen in ihren Drink und wissen doch, wer der andere da links hinten ist, wasser macht, wasser trinkt, wasser ist. Und keinen kümmert's. Eine tolerante Bruderschaft des Bechers, gewissermaßen.

Ik wusste, dass er wieder zuhause war. Er sah zu, wie Hella Helium, Angostura, Ginger Ale sowie Worcestersauce in ihre stählerne Shaker-Mütze gab und dieselbe samt Kopf hin und herrollen ließ. Immer im Kreis herum, mit steigender Geschwindigkeit. Herr Ik rückte mit seinem Barhocker etwas ab. Es war ratsam, Hella aus dem Wege zu gehen, wenn sie mitten in der Arbeit steckte. Die Kreise wurden langsamer und der Kopf saß wieder fest auf dem Gewindehals. Hella kippte den Cocktail in eine Glasschale und ließ eine aufgespießte Olive hineinplumpsen. Sie nickte ihm zu, was so viel heißen sollte wie „Prösterchen, Ik!".

In diesem Moment fühlte er sich wunschlos glücklich.

Herr Ik hatte seinen achten Helium-Cocktail geordert. Er war nicht der einzige, der mit gewisser Sorge feststellte, dass die Gläser von Mal zu Mal weniger voll serviert wurden. Oliven-Piekser gab's schon seit dem fünften Glas nicht mehr. Hellas glatt poliertes Stahlgesicht hatte sich verdüstert.

Klar doch, es war höchste Zeit für die Rausschmissnummer, aber allerhöchste!!!

Herr Ik achtete peinlich darauf, beim Trinken keinen Tropfen zu verschütten. Jetzt bloß nicht auffallen! Er war zwar kein Spielverderber und tat seiner Wirtin gern hin und wieder einen Gefallen, aber bitte nicht heute nicht. Heute war ihm nicht danach, am Kragen gepackt und in die kalte Sphäre geschleudert zu werden. Sollte doch ein anderer den Bumerang spielen. Saßen doch genug Saftnasen hier rum. Der Neptun-Typ, zum

Beispiel. Aber der hatte seinen Becher mit allen 24 Saugnapffingern bombensicher im Griff, der würde nicht kleckern, garantiert nicht. Der abgewrackte UdSSR-Astronaut vielleicht? Der war vor langer Zeit mal im All hängen geblieben und dann vom Luna-Abschleppdienst reingeholt worden. Den Kerl hatte noch niemand arbeiten sehen. Der verdiente sich seine Flockis mit Balalaikaspielen und Geschichtenerzählen. Jetzt stierte er so demonstrativ wie möglich auf eine Mücke, um zu dokumentieren, dass mit ihm nicht zu rechnen war.

Hellas Gesicht glich einer Mondfinsternis, als sie ihre Gäste nacheinander ins Visier nahm. Die Stahlschlitzaugen verengten sich. Aha. Sie hatte sich ein Opfer ausgeguckt.

Alle 29 Augen folgten ihrer Blickrichtung und landeten bei Percival, dem Chaoten vom Planetoiden 16B. Der Unglückswurm hatte einen Kräcker in den Schnabel gestopft und damit beim Kauen einen Höllenlärm verursacht. Objektiv betrachtet war der Lärm durchaus erträglich, etwa so, wie das Hüsteln einer mitteldicken Stubenfliege. Doch Hella scherte sich einen Dreck um Objektivität und die anderen ebenso. Gebannt folgten sie der altbekannten doch immer wieder gern gesehenen Szene und freuten sich schon auf die nächste Runde. Hella rollte auf Percival los.

„Wer randaliert, fliegt raus!", dröhnte sie. Ihre Metallgriffel aus feinstem Chirurgenstahl sprangen auf und blitzten gefährlich. Percival würgte und würgte, um den Kräcker möglichst fix verschwinden zu lassen. Just in diesem Augenblick schwang die Tür auf.

„Servus miteinander", wienerte der Herr, der einen schwarzen Gehrock sowie einen prachtvollen Schnauzbart sein eigen nannte.

Hella schwenkte von ihrem Opfer ab und rollte im höchsten Gang auf ihren Lieblingsgast zu. „Johann, mein Engel!", brüllte sie so laut, dass die ganze Milchstraße rauf und runter es mitkriegte. „Hast deine Freundin Hella nicht vergessen! Nein, diese Freude! Komm, lass dich drücken, Bub!"

Ohne eine Antwort abzuwarten presste sie ihn an ihren mächtigen Gummibusen. „Spielst du uns was, Hansi? Den Donauwalzer, ja? Bit-täää!!!"

Herr Ik seufzte still in sich hinein. D e r nun wieder! Immer wenn der den Raum betrat, war Hella nicht wiederzuerkennen. Geschwätzig wie ein Papagei und weich wie ein Wattebausch. E-kel-haft! Keiner von den Gästen mochte ihn; mit Ausnahme von Percival, der in dieser Situation eine tiefe Zuneigung zum Walzerkönig fasste und zuversichtlich nach weiteren Käsekräckern grapschte.

„Naaa, bittschön, Hella lass mi aus, I hoab an grässliches Kopfweh, verstehst?!"

Aaahhh, das Musikgenie hatte wohl seine wöchentliche Migräne und war erschienen, um vor Publikum zu leiden. Es war geradezu widerwärtig zu beobachten, wie die stählerne Hella vor Mitgefühl zerfloss.
Wi-der-lich!

„O, mein armer Schatz! Soll ich dir einen Drink mixen, Hansilein?"

Hansilein willigte gnädig ein. „An Gespritztn kannst mir geben, Hellakatzerl, aber i glaub, i brauch an Pulver. – Hoast an Pulver?"

Mit wienerischer Anmut pflanzte er sich so vor Herrn Ik auf, dass der nur noch Gehrock im Blickwinkel hatte.

Es war ungeheuerlich, was diese Unsterblichen sich gegenüber der einheimischen Bevölkerung herausnahmen! Hatten sich da unten auf der mickrigen Erdkruste irgendwas zusammenkomponiert oder zusammengekritzelt, was auch höheren Orts Wohlgefallen erregte. Kriegten daraufhin, praktisch auf dem Silbertablett serviert, eine sofortige

Einreiseerlaubnis mit unbeschränkter Aufenthaltsgenehmigung im All. Die einen nutzten sie früher, so wie dieser bezopfte muntere Knabe namens Mozart, die anderen später. Aber sie kamen alle, und es wurden immer mehr. Schwebten überall herum, machten sich wichtig und hielten anständige Leute wie Herrn Ik oder die Gastronomin Hella von der Arbeit ab.

Wi-der-lich, echt.

„Weißt, i hatte an Disput mit dem Papa (der Alte war auch hier, es war zum K...), und da krieg i immer diesen greislichen Kopfschmerz. I fühl mi scho ganz laatschert ..." (Also doch, seine wöchentliche Migräne, pah.)

Es stellte sich heraus, dass Frau Wirtin ´koan Pulver` da hatte. Sie dachte aber nicht daran, ihren geigezupfenden Liebling ohne Hilfe zu lassen. Sie packte einfach Herrn Ik am Schlips und bat ihn dringend um eine Probe seines im gesamten Universum bekannten und beliebten NIX Pulvers. Als Medizin für ihr wienerisches Schatzi. Und Herr Ik tat ihr den Gefallen. Weil er Hella mochte und weil er sich nicht gern erwürgen ließ.

„Moanst, des was nutzt, Herr Geheimrat?"

„Klar nutzt das. Unser neues NIX-NIXDA ist wirkungsverstärkt und hilft garantiert. Sofort und gegen alles. Hier, schlucken Sie."

„A geh´ns, doch net so trocken. Des krieg i net runter so."

„Bitte, schnell. Schnell und unauffällig."

„Schaun´s, Herr Professor, Sie können mich net drängeln. Was ham´s denn für a Hast, bittschön?"

Herr Ik stöhnte auf. Er war im Begriff, eine mittelschwere Todsünde zu begehen, und dieses Walzer-Schwof-Genie raffte nichts. Wie auch. Aber Hella musste es wissen. Ihr war durchaus klar, dass er sich hier auf Deimos nur zu privaten Zwecken aufhalten durfte. Der kleine Mond Deimos gehörte zum Verkaufsgebiet Venus Oberirdisch I, und dafür war er nicht zuständig. Das betreute Kollege Tycho. Wenn der ihn hier beim Verkaufen erwischte, ging eine saftige Beschwerde an die Zentrale. Und er musste Erklärungen abgeben, Rechtfertigungen tippen, Berge von Formularen mit je 10 Durchschlägen ausfüllen. Und auf seiner Personalkarte würde ein Minuspunkt eingestanzt. Was bedeutete, dass er sich einen Schritt weiter weg von Madame Mishkutjonoks Medaillon bewegen würde. Ein hässlicher Gedanke.

Herr Ik sah Hella flehentlich ins glänzende Antlitz. Null Chance.

„Hetz ihn nicht. Nachher verschluckt der Hansi sich noch."

„Könnt i des net mit an Schmankerl haben? A Jausen. Wissen´s, halt was Feines zum Beissen.s Verstehn´s?"

Herr Ik verstand. Er steckte den Finger ins Ohr und rief die Information über >Was der Wiener besonders gerne isst< ab. Kleine Kontrollfrage an Hellas Kapellmeister: „Mögen Sie Tafelspitz?"

„A geh, dös is mei Leibspeis! Mit was, bittschön?"

„Mit eingebrannten Erdäpfeln und Semmelkren."

„ I könnt grad narrisch werden vor Freude! Herr Geheimrat Ik, wann´s mir das serviern schluck i Ihnen oalles!"

Aha. Der Kerl war verfressen ohne Ende. Von Migräne keine Spur mehr. Herr Ik drückte die Konkretisierungstaste. Schon stand das ganze urwienerische Gericht auf dem Bartresen. Dermaßen großzügig proportioniert, dass es für den gesamten genialen Strauß-Clan (Papa, Mama und zig Brüder) gereicht hätte.

Johann Strauß, Sohn, haute rein, dass die Schnurrbartenden nur so zitterten und trieften. Hella strahlte. Ihr Günstling wollte gerade zur Geige greifen und einen Walzer fiedeln, als der Beamblitz aufleuchtete und Außendienstler Tycho seine Füße ins Parkett rammte.

„Erwischt, Ik", grinste er schäbig. „Du hast in meinem Revier gewildert."

„Das, das…"

„Das gibt einen bösen Vermerk in deiner Akte, ätsch." Herr Tycho betrachtete seinen Kollegen liebevoll gehässig. „Tja, Kumpel, man verkauft nicht dort, wo man nicht darf; zumindest, wenn man keinen Ärger will."

Hellas Gesicht verdunkelte sich vor Zorn. Johann war drauf und dran gewesen, für sie den Donauwalzer zu spielen, eventuell auch noch die Pizicatopolka, da tauchte dieser Wicht auf und störte. Sie rollte entschlossen auf ihn zu und stoppte erst im allerallerletzten Moment.

„Verpiss dich", sprach sie schlicht. „Er hat nicht verkauft, er hat nur verschenkt."

Herr Ik beeilte sich, dies zu bestätigen. „Jawohl, verschenkt. Eine kulturelle Morgengabe, gewissermaßen. - Also, Tycho, du hast gehört was die Dame gesagt hat. Verpiss dich endlich. Wir wollen Walzer tanzen!"

WIENER TAFELSPITZ
MIT EINGEBRANNTEN ERDÄPFELN
UND SEMMELKREN

Zutaten:
(für 6 Personen)

1-1,5 kg Rinderhüfte

2 Liter Wasser

2 Teel. Salz

1 Bund Suppengemüse

(2 Möhren, Sellerie, Porree, Petersilienwurzel)

1 Zwiebel

2 Nelken, 1 Lorbeerblatt, 1 Teel. Pfefferkörner

1 kg Kartoffeln

½ l Fleischbrühe

Salz, Pfeffer, Muskat

2 Zwiebeln

2 Eßl. Butter

1 Eßl. Mehl

1 Schuß Weinessig

1 Stange Meerrettich, gerieben

6 Scheiben Toastbrot

3/8 l Fleischbrühe

¼ l süße Sahne

½ Eßl. Speisestärke

2 Teel. Zucker, Salz

1 Eßl. Zitronensaft

Zubereitung:

Wasser und Salz zum Kochen bringen, das abgespülte Fleischstück hineinlegen und bei schwacher Hitze kochen. Suppengemüse waschen, putzen, Zwiebeln schälen und die Nelken hineinstecken. Nach ½ Stunde Kochzeit Suppengemüse, Zwiebel, Lorbeerblatt und Pfefferkörner zum Fleisch geben und 1 Stunde weiterkochen. Von der Fleischbrühe ½ l für die Erdäpfel (= Kartoffeln) und 3/8 l für Semmelkren (= Meerrettichsoße) abnehmen. Das Fleisch in der restlichen Brühe heiß halten.

Erdäpfel: Kartoffeln schälen, waschen und in ½ cm dicke Scheiben schneiden. Fleischbrühe in einen Topf gießen, salzen, Kartoffelscheiben zugeben und zugedeckt bei schwacher Hitze gar kochen, etwa 15 Minuten. Butter schmelzen und die fein gehackten Zwiebeln darin glasig dünsten. Mehl darüber stäuben und unter Rühren anbräunen. Mit Sahne und Kartoffel-Fleischbrühe ablöschen und 5 Minuten kochen. Die Sauce mit Pfeffer, Muskat und Weinessig pikant abschmecken und über die Kartoffeln gießen.

Semmelkren: Meerrettich waschen, schälen und fein reiben. Toastscheiben entrinden, Fleischbrühe und Meerrettich 10 Minuten kochen, Toastbrot hineinlegen und 5 Minuten mitkochen. Sahne mit Speisestärke verrühren, zur Sauce geben und kurz aufkochen. Mit Zucker, Salz und Zitronensaft abschmecken. (Einen Teil der Meerrettichsoße in die Sauciere gießen, einen Teil auf dem in Scheiben geschnittenen Fleisch verteilen.)

8. Teil:

NIX Amore Albert, außer Artischocken!!!

Bis kurz vor Sperrstunde hatte Hansi junior ihnen die Ohren vollgefidelt, linkszwodreivier, rechtszwodreivier und so weiter und so weiter. Keiner der Gäste hatte es gewagt, das Etablissement vorzeitig zu verlassen, was weniger von Walzerbegeisterung zeugte, als von gigantischem Respekt vor Hellas Edelstahlfäusten. Sogar der mit einem Säbelzahntigerfell bezogene Hukolollo vom Planeten R1D1U (berüchtigt-bekannt als der Radauplanet!) muckste sich nicht und deutete gar – als Hellas Blick ihn leicht vorwurfsvoll traf – eine Art Schunkeln an. Alle Achtung, für jemanden, der das Geräusch von Hammer auf Granit als butterweichen Schmachtfetzen wahrnimmt ....

Als alles vorbei war und Hella, sanft und glücklich schimmernd, endlich die Stühle hoch stellte, waren sie samt und sonders voll wie die Strandhaubitzen. Hansi auch. Das hatte er seiner Fingerfertigkeit zu verdanken, während des Fidelns ein Glas zum Mund führen zu können. Gelernt ist eben gelernt.

Herr Ik war gerade dabei sein Bein nach der Beamtaste abzusuchen, als Johann Strauß, Sohn, auf ihn zutorkelte. „Geh, Burschi, kannst mi mitnehmen? Weil, i hab net so a Beamdings, weißt, i kann halt nur fliegen, so wie die Engerl, und dös dauert ……….Jessas, und in die Arm geht´s! Des gibt so an Reissn am andern Tag ……….verstehst?!"

Wo war sie denn, diese dämliche Taste? Sakranochmal, immer wenn man´s eilig hatte, passierte so was. Zu blöd auch. Hella guckt nicht, und wenn er sie jetzt finden würde, wäre er den Walzerkönig los. War er denn wirklich dermaßen besoffen, oder war sein Bein doch länger als er dachte??? Ahhh, da!!!

Zu spät.

Der Strauß hatte sich bereits bei ihm eingehängt. Sie waren eine Einheit, wie der Schlüssel am Haken oder der Henkel am Becher. Ihm blieb nur noch, zu seufzen und den Herrn

Hofkapellmeister nach seinem Wunschzielort zu fragen.

Sie landeten komfortabel auf einer Wolke mit der Nummer 13. Herr Ik erinnerte sich wieder, dass Wolken der beliebteste Aufenthaltsort der Unsterblichen waren. Sie bevölkerten sie in Scharen. Plapperten ununterbrochen, weil jeder den anderen von seiner eigenen Wichtigkeit überzeugen wollte, und hechelten alle Neuzugänge durch. Einige wenige pflegten ihr Image als scheue Außenseiter und verbrachten ihr Jenseitssein auf klitzekleinen Solowölkchen.

Herr Ik sah sich um. Wolke 13 war riesig und dicht besiedelt. Er überlegte einen Moment: Wolken waren neutrales Verkaufsgebiet und für jeden Vertreter zugelassen. Kunden gab es hier satt. Also: Warum sollte er es nicht hier versuchen???

Herr Strauß hatte eine aparte Brünette bemerkt und war auf einmal seine Müdigkeit los.

„Dank dir schön, Ik, Burschi, aber mir pressiert´s, i muss weiter. Servus, Baba." Weg war er.

Herr Ik strich den verknautschten Jackettärmel glatt, setzte ein verkaufswirksames Lächeln auf und sprach den nächst besten Passanten an. Es war ein älterer Typ mit einer grauen Haarpracht auf dem Kopf, die dringend nach einem Friseurbesuch verlangte.

„Entschuldigen Sie vielmals, mein Herr, dürfte ich Sie wohl einen Moment sprechen?" Er verbeugte sich knapp. „Ik ist mein Name."

„Ik?"
„Ja, Ik."

„Interessant, wirklich interessant. Der Name ist höchst ungeläufig und entfällt, rein prozentual gesehen, sicher nur auf einen von – nun, sagen wir 7000? – 7000 Menschen, vorausgesetzt, dass Sie ein Mensch sind. Gehören Sie zum Kreis sonstiger Planetarbewohner, ist die Wahrscheinlichkeit dieses Namens weitaus geringer anzusetzen; meines Erachtens müsste sie bei 1 : 27,4 Millionen liegen, grob geschätzt. Hm. – Schreiben Sie sich mit einem K oder mit zwei?"

„Mit einem K, aber ..."

„Kein Aber, junger Mann, denn die Mathematik lässt kein Aber zu. Das ist ja das Schöne an ihr: Sie ist klar, rein, deutlich, und dabei doch so abwechslungsreich; wenngleich man in der Jugend töricht genug ist, dies nicht zu erkennen.

Glauben Sie mir, junger Freund, ich weiß wovon ich rede. Als Knabe habe ich meine Zeit mit solch stupiden Tätigkeiten wie einen Lederball per Fußstoß einem anderen Knaben zuzuschieben vertan. Wie nennt man das doch gleich? Fußballern???"

„Fußball spielen, so weit ich informiert bin."

„Danke, junger Mann, sehr aufmerksam von Ihnen. Man sollte seine Gedanken immer beisammen halten, Herr ... Wie war doch gleich Ihr werter Name?"

„Ik."

„Ik? Ik mit einem K?"

„Jaaaaaaa!"

„Gott, nun schreien Sie doch nicht so! Sie scheinen ziemlich nervös zu sein, mein Bester, Sie sollten ein Instrument spielen, das beruhigt. Geige, vielleicht."

„Neeeeeiiiin!"

„Jetzt schreien Sie s c h o n wieder. Wollen Sie eine mathematische Aufgabe lösen? Das ist Balsam für die Nerven, sage ich Ihnen. Schauen Sie nur mich an, mein Freund; seit ich mein Herz der Mathematik verschrieben habe, bin ich ausgeglichen und in Harmonie mit mir."

„Ach was."

„Doch, doch, Herr …"

„Ik. Ik mit einem K."

„Herr Ik, glauben Sie mir. Wenn auch Sie sich fortan mit der Theorie der speziellen Wärme beim absoluten Nullpunkt beschäftigen, wird es Ihnen ebenso gut gehen wie mir."

„O!" (Es war nicht so geplant, aber das O klang reichlich verschreckt.)

„Doch. Es gibt nur zwei Dinge im Universum, die mich nachts um meinen Schlaf bringen können, und die wären ...." Seine Stimme erstarb zu einem heiseren Flüstern als er dicht an Herrn Ik trat, hektische Blicke nach links und rechts und oben und unten sandte und die Hand schützend vor den Mund hielt. „Die A-mmmmmmsch."

„Die was?"

„Die At-mmmb."

„Hä?

„Die Atom-mmmbe.“

„Sie müssen aber wirklich deutlicher sprechen, mein Herr, ich verstehe Sie immer noch nicht.“

Mister Wer-Auch-Immer rückte von ihm ab, zuckte die Schultern und resignierte. „Na schön, dann eben laut. Für alle Schwerhörigen und die, die es immer noch nicht wissen: Die A-TOM-BOM-BE!“

„Ach, und die lässt Sie schlecht schlafen???“

Alles was Recht war, das ging über sein Fassungsvermögen. Der kleine Puff da unten sollte solche Auswirkungen auf diesen harmonisch in sich ruhenden Menschen haben? PENG-PUFF-BUMM, so was fand im Weltraum alle Naselang statt, da machte man doch nicht solch ein Gewese. Man kaufte sich neues, bruchsicheres Geschirr oder bestellte den Umzugstransporter. Aus die Maus. Herr Ik sah milde auf seinen künftigen Kunden herab. Nun, er war ein Erdling, exakt formuliert ein Ex-Erdling. Die waren eben doch allesamt wunderlich.

„Sie sollten sich nicht so viele Gedanken machen deswegen. Es wächst doch immer alles nach, und noch dazu in aufregenderen Variationen. Meine Tante mütterlicherseits, zum Beispiel, schwört auf eine Supernova als Geheimrezept für einen makellosen Teint und so weiter. Ehrlich, Sie hätten Tante Ipatias mal vor der letzten Supernova sehen sollen! Verpickelt und krummbeinig. Beim Familienfoto haben wir sie immer irgendwo ganz hinten verstecken müssen. Aber heute, ha!"

Herr Ik schnalzte anerkennend mit der Zunge. „Heute hat meine Tante eine Haut wie ein Babypopo und Beine wie 'ne Eins. Es sind jetzt zwar dreieinhalb Beine statt ursprünglich zwei, aber kerzengerade, sage ich Ihnen. Und der Busen erst, heiliger Müllsack, was für eine Entwicklung, püüüh!" Er stieß einen hohen Pfeifton aus.

„Hmmm. Auf diese Art habe ich die Sache noch nie betrachtet. Ein eindrucksvoller Gesichtspunkt, in der Tat. Eröffnet völlig neue Perspektiven. Durchaus angenehm und beruhigend, diese Gedankengänge. – Ich danke Ihnen, junger Freund."

Der Graukopf schickte sich an, weiterzugehen.

„Halt!"

Er kriegte ihn gerade noch am Pulloverzipfel zu fassen. Wäre ja noch schöner, weglaufen ohne zu kaufen. Nix da!!!

„Sie hatten doch da noch ein Problemchen, werter Herr. Ich meine die zweite Sache, die Sie um die wohlverdiente Nachtruhe bringt."

Grauköpfchen fing an zu kichern. Giggelte wie einer von diesen Clearasilbenutzern, giggel-giggel-giggel. Parallel dazu begannen seine Augen wie Kohlestückchen zu glühen.

„Haben Sie Fieber? Ich hätte da ein Mittel zur Hand, das Ihnen....."

„Kicher-kicher-giggel-giggel, nein, giggel-giggel-kicher. Oder, oder ... oder vielleicht doch? Giggelgiggelgiggelgiggel. Dann ist es aber ein ganz spezielles Fieber, kicher-kicher..."

Herr Ik wägte ab, ob sein Kunde in spe wohl alle Blumen auf der Veranda hatte oder Tassen im Schrank. Und wenn ja, ob sich eine Fortführung des Verkaufsgesprächs als effektiv erwies oder nicht. Ihm fiel gerade noch rechtzeitig eine der Goldenen Regeln für den erfolgreichen Vertreter ein, die da lautete: >NICHT LOCKER LASSEN, JEDES WESEN IM UNIVERSUM IST EIN POTENTIELLER KUNDE!< Also wandte er sich freundlich an Mister Graulocke.

„Dann erzählen Sie doch mal von der Ursache Ihres ganz speziellen Fiebers. Ich bin ganz Ohr."

Eine Sekunde später hatte Herr Ik sein offenes Ohr und alles andere an ihm und um ihn herum vergessen. Total perdu. Da bestand er nur noch aus scheunentorweiten Augen, die d a s verschlangen, was da vorbeigeschwebt kam:

Ein Märchenwesen, das aus Zuckerwatte, Seide und Kükenflaum gemacht schien. Auf hochhackigen Pumps, mit Rundungen wie kandierte Kirschen, darüber ein Kleidchen, weich und weiß wie Schlagsahne, der Mund wie ein Kuss-Stempelkissen, die Augen von solch unschuldigem Blau, das jedes Wickelkind wie einen abgefuckten Zocker da stehen ließ. Darüber Wellen von gewebtem Weißgold. Alles in allem ein Engel. Ach was, jeder normale Engel war ein Dreck dagegen!

„Marilyn", hauchte der Grauhaarige.

„Hallo Mister Einstein", hauchte sie zurück und schwebte weiter.

Ein Blick in sein Gesicht und die Sache war klar. Herr Ik stellte knapp fest: „Da hätten wir also den Schlafverhinderungsgrund Nummer Zwo. Wenn Sie mich fragen, viel explosiver als Grund Nummer Eins."

„Wohl wahr. Dagegen verblassen Dinge wie Relativitätstheorie und Lichtquantenhypothese... Miss Monroe ist eine Sensation."

Doch, doch, das war sie, da gab´s mal nix. NIX?! Verflucht, um ein Haar hätte er vergessen, dass er etwas zu verkaufen hatte. Etwas, das Herr Einstein gut brauchen konnte. Er zählte die Falten seines Kunden und korrigierte sich: Etwas, das Herr Einstein bitter nötig hatte.

NIXDA wartete auf den Einsatz!

„Ich kann es Ihnen nicht verdenken, Herr Einstein, dass Sie für diese junge Dame schwärmen. Sie ist sicherlich der Traum eines jeden männlichen Wesens zwischen 8 und 80." (Ein raffinierter Zug, aber Einsteinchen sprang sofort auf.)

„Ach, das ist es ja! Wie kann denn so ein alter Zausel wie ich gegen so viel Konkurrenz mithalten, Herr Ik, wie?"

„Ich habe gehört, dass Fräulein Monroe Gedichte verfasst und durchaus Wert auf intellektuelle Gespräche legt. Beste Voraussetzungen, für Sie, also. Wenn Sie sich dann noch, hä-em, zu einer, hä-em, neuen Frisur entschließen könnten, Herr Einstein, dann…"

Hoffnung flammte wild auf in Albertchens graustarigen Augen. Er riss zwei Karten aus seiner Hosentasche und wedelte damit vor der Ik´schen Nase herum. „Hier, zwei Karten für den Intergallaktischen Akademikerball. Ich müsste sie nur fragen, ob sie Lust hat."

Das Wort >Lust< schien auf Herrn Einstein eine deprimierende Wirkung auszuüben, weil augenblicklich alle Hoffnung in seinen Augen erlosch. Müde wie ein 100jähriger Greis steckte er die Karten wieder in die Tasche. „Ich bin halt doch zu alt für sie. Mir fehlt es an Kraft. (Seufzer) Sie und ich, das ist eine Gleichung die nicht aufgeht."(Tiefer Seufzer)
„Natürlich geht die Gleichung auf", versetzte Herr Ik sanft. „Sie müssen nur einen Ihnen bislang unbekannten Faktor einfügen. Und diesen Faktor, werter Herr Einstein, halte ich hier in

meinem Koffer extra für Sie bereit. Bitte, da, überzeugen Sie sich selbst."

Er klappte den Koffer auf und deutete auf die verschieden geformten Röhrchen.

„Mit NIX geht Ihre Gleichung auf, und zwar zur beiderseitigen Zufriedenheit. Dazu, lieber Albert, ist Ihnen das Glück der Stunde hold, denn noch kann ich Ihnen den NIX-NIXDA-Einführungspreis von minus zehn Flockis pro Röhrchen offerieren. - Na, ist das was???!!!

Albert beugte das wirre Haupt über den Kofferinhalt. „Sie meinen wirklich, das hilft? Äh, ich meine, das würde mir die, äh, fehlende Spannkraft ersetzen?"

„Jawohl. Ich kann Ihnen versichern, dass NIX sich in diesen sowie in ähnlich gelagerten Fällen mehr als millionenfach bewährt hat."

„Hm. Es sieht aber gar nicht anregend aus. Nicht zu vergleichen mit einem Stangenspargel oder einer Artischocke."

„ N o c h nicht, Herr Einstein, n o c h nicht. Lassen Sie mich nur für wenige Augenblicke dort hinten in der Wolkenausbuchtung allein, und ich werde Ihnen unseren Jungbornextrakt namens NIXDA, kurz NIX, präsentieren. Dann, verehrter Herr Professor, können Sie sich immer noch entscheiden."

„Hm. Tja, also, wenn mir das zusagt und ich nur einen Hauch von Wirkung verspüre, gewissermaßen frischen Wind im dickflüssigen Wissenschaftlerblut, dann kaufe ich Ihnen den halben Kofferinhalt ab. Auch wenn meine monatliche Universumsrente dabei drauf geht. Sei´s drum."

Oha! Das war ein Wort. Herr Ik sprang förmlich in die Wolkendelle hinein, um diesem wunderbaren kleinen Mann sein >NIX à la Artichauts< zu zaubern.

Er servierte Albert Einstein diese französische Spezialität stilecht mit Champagner. Es war wundervoll! Eine spritzig leichte Delikatesse, die ohne Umwege sofort in die Blutbahn marschierte, die roten und die weißen Blutkörperchen auf Trab brachte und dann ins Hirn zog, wo sie ein gehöriges Quentchen

Übermut hinterließ. – Es war genau das Richtige für den alten Albert. Er kaufte wie angekündigt das halbe Warenlager an NIX auf. Hätte er es nicht so verdammt eilig gehabt zu Miss Monroe zu laufen, hätte er die andere Hälfte ebenfalls käuflich erworben. Mit an 100 Prozent grenzender Wahrscheinlichkeit. Und das war keine Theorie.

Was Herr Ik bei der Warenübergabe geflissentlich vergaß zu erwähnen, war die Tatsache, dass er seine ganz private Viagratablette (für Notfälle in der Reverstasche diskret untergebracht) über die Artischocke gekrümelt hatte. Nur zur Sicherheit.

ARTISCHOCKEN
MIT SAUCE VINAIGRETTE

Zutaten:

(für 4 Personen)

4 große Artischocken

1-2 Zitronen

1 Eßl. Zitronensaft

2 l Salzwasser

Essig

1 Teel. Gewürfelte Schalotten

(oder Zwiebeln)

1 Eßl. gehackte Kräuter

(Petersilie, Schnittlauch, Kerbel)

1 hart gekochtes Ei

4 Eßl. Rotweinessig

8 Eßl. Öl

Salz, schwarzer Pfeffer

1 Prise Zucker

½ Teel. Senf

Zubereitung:

Die Artischockenstiele 1-2 mm unter dem Blätteransatz abbrechen. Blattspitzen mit einem scharfen Messer abschneiden. Die seitlichen Blätter mit der Schere kürzen, am Boden vorsichtig dünn abschälen und mit einer Zitronenhälfte einreiben. Nun jede Artischocke zwischen 2 Zitronenscheiben binden. Das Salzwasser mit dem Eßl. Zitronensaft zum Kochen bringen, die Artischocken hineinlegen und bei mittlerer Hitze etwa 20 Minuten kochen. Wenn sich die Blätter lösen, die Artischocken herausnehmen. Die inneren Blütenblätter herausheben, umgekehrt wieder einsetzen und auf Tellern anrichten.

Für die Sauce Vinaigrette die gewürfelten Schalotten und das ebenfalls fein gewürfelte Ei in eine Schüssel geben und mit dem Weinessig, dem Öl, Salz, Pfeffer, Zucker, Senf und den gehackten Kräutern mit einem Schneebesen verrühren. Die fertige Vinaigrette wird in einer Sauciere angerichtet.

Man isst die Artischocken, indem man die Blätter mit den Fingern von außen einzeln ablöst, den unteren Teil in die Sauce taucht und den zarten, genießbaren Teil verzehrt. Den Boden der Artischocke isst man mit Messer und Gabel.

(Zur Artischocke passt neben der Sauce Vinaigrette auch vorzüglich eine Sauce Tartare.)

9. Teil:

Herr Ik zeigt dem Planetoidenimmobilien-
büro eine köstliche kalte Schulter

Ein Tag wie Samt und Seide. Herr Ik hatte einen fantastischen Abschluss getätigt und fand das Leben und das Universum nahezu vollkommen. Die paar kleinen Schönheitsfehler, die auf seinem momentan glücklichen Vertreterleben hafteten, verzieh er der Obersten Leitung großzügig. Vorläufig. Dazu gehörte die unumstößliche Tatsache, dass er trotz hervorragender Verdienste für die NIX PLANETENGMBH & COKG noch immer nicht in

Besitz des Madame-Mishkutjonok-Medallions war. N o c h nicht. Doch zwei bis drei Kunden oder noch so einen Einstein später, und seine Verkaufsbilanz schrie nach Belobigung. Dermaßen laut, dass Fräulein Rostnikow von ihrem Vorstandsekretärinnenstuhl aufspringen musste, um die entsprechenden Schritte schleunigst in die Wege zu leiten.

Er atmete schwer, als er sich ausmalte wie er Abend für Abend das Medaillon in der Hand hielt und tief in Madame Mishkutjonoks strenge Augen blickte.

Doch etwas störte dieses Bild. War es ein Duft? Vanille-Aroma, gar? Rüschen drängten sich zwischen ihn und Madame Mischkutjonok .... Herr Ik beendet die Vorstellung, indem er auf die Beamtaste drückte, diesmal mit

Zusatzwahl ´Spaziergang, Stufe 2 gemäßigt gemütlich`. – Wozu hetzen? Er hatte hart genug gearbeitet, und spazieren gehen war angeblich der Gesundheit förderlich. Also, warum nicht. Man gönnt sich ja sonst nichts.

Er guckte rechts, er guckte links, und als er an einem Roten Riesen vorbei kam, ganz dicht, nutzte er die Gelegenheit eine Zigarette anzuzünden. Sie fackelte gleich auf. War nicht ungefährlich, das Spielchen, machte aber immer wieder Freude. (Herr Ik gehörte zu den wenigen Venusianern im Außendienst, denen es gelungen war, sich einen Teil kindlichen Gemüts zu bewahren.) Gerade spazierte er an einer dieser verlassenen Weltraumstädte vorbei, schmutzig und rostig wie ein Abfalleimer, von irgendeinem in Panik geratenen Planetenvölkchen erbaut und in die Sphäre geschmissen, ein Dorn im Auge des Intergallaktischen Umweltministers und des braven Steuerzahlers, der regelmäßig für das Einsammeln und Deponieren dieser Schrotthaufen zur Kasse gebeten wurde, als ----

----- Ein kräftiger Schlag auf die Schulter.

„Hallo Ik, alte Pickelbacke! Lange nicht gesehn, was?!"

Vor ihm stand ein schrankähnlicher Typ in edlem Zwirn, die grünen Haarbüschel smart mit einer Wagenladung Gel hinter die abstehenden Ohren gekleistert. Feinstes Schuhwerk. Ein Diamant dick wie ein Hühnerei am Finger. Alle Achtung, Peyotl hatte sich rausgemacht!!!

„Hallo Peyotl, du Rübenschwein, wie geht´s denn so?"

„Gut geht´s, na logo, und selbst?" Er klopfte noch mal und Ik hatte Mühe, sich auf den Beinen zu halten. „Immer noch für die Madame unterwegs, wie heißt sie doch gleich... Mimu...Mamut...?"

„Mischkutjonok, du meinst Madame Mishkutjonok, unsere Firmenchefin. Ja, ich bin immer noch im Außendienst." Herr Ik gab sich Mühe die aufsteigende Portion Ärger zu unterdrücken. Wie kam dieser auf Erfolg gebürstete Prolo dazu, so von der NIX Königin zu sprechen, hä, wie??!! „Macht jede Menge Spaß, die Arbeit, und bringt ordentlich Flockis", schob er betont lässig nach.

„Ach was." Peyotl scannte ihn nanosekundenschnell von Kopf bis Fuß:

Frisur (verdammt, er hatte immer noch das scheußliche Braun auf dem Kopf, aber vielleicht ging das als besonders trendy durch),

Schnitt + Stoffqualität Anzug,

Musterung Krawatte,

Bügelfalten ja/nein,

Marke Armbanduhr,

Sockenbeschaffenheit,

Verarbeitung Schuhe.

Irgendwie schien er zu keinem eindeutigen Ergebnis gelangt zu sein (was der Tatsache zu verdanken war, dass Herr Ik sich immer klassisch zeitlos gab), denn er blieb in seinem Tonfall sowohl freundschaftlich, als auch arrogant. Also freundschaftlich arrogant. Oder jovial, wenn man denn optimistisch genug war, es so zu sehen.

„Weißte was, Ik, Purzelschnurps, du kommst jetzt einfach mit. In mein Büro. Da geht der Punk ab! Wir feiern einen Riesenvertrag! Wasserstoff und Wodka, Benzol und Bier, Glykol und Gin bis zum Abwinken!!!"

„Aber ich bin grad auf dem Nachhauseweg. Wollte nur noch ´ne Runde spaziern, Bewegung und so, weißt schon. Also dann, Peyotl, war nett, dich zu treffen. Bis demnächst mal, ich mach mich fort, Tschauchen!"

Er griff in seine Socke, um den Blitzstart anzudrehen, aber er war zu langsam. Peyotl fing seine Hand ab und drückte sie kräftig, ganz wie in alten Schulzeiten. Verdammt, der Kerl hatte

Pranken wie Klodeckel und Kraft wie ein Bulldozer.

„Das kannste mir nich antun, Ik! Da hab ich dich schon mal so ganz durch Zufall aufgegabelt, wie du hier durchs All schwebst, ganz Oma auf dem Weg zum Kaffeekränzchen, und da willste mir im Ernst einreden, dass du´s eilig hast.
Nee, nee, deine Ausrede kannste verbacken. Du kommst jetzt schön mit. Wirst sehen, wir kriegen ´n Zentner voll Amüsemong, das wird ne echt römischen Orgel, äh, Orgie, harharhar haaar!!!“

Peyotl lachte sich schlapp über seine ach so lustigen Sprüche. Wie immer und wie in alten Zeiten tat er das als einziger.

„In Ordnung“, gab Herr Ik zurück, „ich komme mit.“

In ihm war ein Plan gereift, ein teuflischer: Er würde diesen Idioten, der allem Anschein nach die Flockis nur so scheffelte, begleiten. Er würde mit ihm saufen und ihn dabei oder danach, egal (Hauptsache er war noch fähig einen Kaufvertrag zu unterzeichnen und seine Kreditkarte zu zücken) mit den Produkten des Hauses NIX bekannt machen. Er würde ihm in Nullkommanix NIX aufdrücken, ohne dass er's überhaupt merkte. Ätsch.

„Also auf, wo ist das Büro? Ich häng mich bei dir ein, du kannst losbeamen!"

Sie schlackerten gemeinsam und plaudernd durch die Sphäre. Herr Ik erfuhr dabei, dass sein alter Kumpel nicht mehr im Gebrauchtraketenhandel tätig war, sondern in

Immobilien machte. Hatte erst auf eigene Faust Anteile an Ferienbungalows auf der Sonne unters Volk gebracht und sich mit dem Gewinn als Partner im Planetoidenimmobilienbüro Giggl, jetzt Giggl & Peyotl, niedergelassen. Innerhalb weniger Lichtjahre war es den beiden gelungen, den gesamten Planetoidengürtel zwischen Mars und Jupiter zu verhökern. Erst die größeren, formschönen Planetoiden und dann, praktisch auf einen Schlag, die kriwatschligen Minidinger, die seit dem letzten Urknall als absolut unverkäufliche Ladenhüter galten. Gesteinspopel, gerade mal ein paar Meter groß.

Peyotl grinste von einem Ohr zum andern: „Wir haben einfach 'nen Goldrand drum gemacht und sie als Super-Luxus-Inseln für den anspruchsvollen Jungmanager verkauft. Mit 'nem Werbeslogan (grins-grins) – der stammt übrigens, bei aller Bescheidenheit, von mir höchstpersönlich (grins-grins) – der die Zielgruppe voll anspricht:

STEHST DU GESTRESST AUF DER ERFOLGSLEITER

STIMMT DEIN EIGENER PLANETOID DICH FROH UND HEITER!

Doll, was?! Haste gemerkt, Ik, das reimt sich sogar!"

In der Tag, es reimte sich, aber es machte die Sache nicht besser. Herr Ik, lyrisch begabt bis in die Zehenspitzen, dichtete still für sich und nur zur eigenen Freude ebenfalls einen Zweizeiler. Und der ging so:

BIST DU IM KOPF ENTWEDER BLÖDE ODER FIX

ES IST EGAL, ICH VERKAUF DIR NIX!

„Was lächelst du denn so satt und zufrieden, Ik, alte Socke?! Wir haben doch noch gar nicht angefangen mit dem Bechern." Er bremmste ab und kopfte an eine überaus schicke Tür in einem überaus schicken Haus. „Wir sind da. – Hey, Leute, auf-ma-chen! Ich bring euch noch 'nen frischen Fetengast mit!"

Trippelschritte.
Kichern.
Quietschen.

Ein schicker Sekretärinnenroboter öffnete die schicke Tür und führte sie in einen schicken Büroraum, in dem viele schicke Typen rumhingen. Peyotl mimte den perfekten Gastgeber und drückte Herrn Ik gleich einen schicken Kelch in die Hand. Er machte eine raumausschreitende Geste:

„Das hier sind meine lieben Kollegen, und der da ist mein lieber alter Schulfreund Ik. Also, zum Wohl, auf den nächsten Planetoidengürtel und märchenhafte Umsätze!"

Herr Ik nippte leicht am Sekt, denn für sein Vorhaben war ein wacher Verstand die erste Voraussetzung (siehe Goldene Vertreterregel Nummer 55, die das Problem Alkohol prägnant auf den Punkt bring: BESOFFFEN HAST DU KEINE CHANCE, WILLST DU WAS VERKAUFEN SIEH ZU, DASS DU NÜCHTERN BLEIBST!). Er registrierte aber mit Wohlgefallen, wie sich die Herren Immobilienmakler, allen voran die Führungsspitzen Giggel & Peyotl, sowie die Damen Sekretärinnenroboter nebst Büroroboterraupe das Zeug hinter die Binde gossen. Hektoliterweise.

Nach cirka einer Stunde tanzte die erste Robotdame auf dem Tisch. Sie war eins der Spitzenmodelle mit raffiniert gesteckter Hochfrisur, Kaschmir-Twinset und Brille, absolut erstklassig. Jetzt löste sie ihr Haar, und ihre Brille beschlug. Sie tanzte Samba mit noch ungeübten, zackigen Bewegungen. Die zweite vollautomatische Dame (das war die, die ihnen kichernd geöffnet hatte) war wohl schon längere Zeit im Planetoidenimmobilienbüro tätig, denn ihr kam die Samba weich und rund über die plastikbezogenen Hüften. Auch sie ein Top-Designer-Fabrikat, Marke >Zierde des Chef-Vorzimmers<. Die Raupe, die für die Botengänge zuständig war und Erich hieß, klatschte frenetisch in die 88 Hände und verlangte nach einem Striptease. Oder alternativ dazu einem Paar Rumbakugeln.

Wie schön, diese Herrschaften waren mit sich vollauf beschäftigt. Nun konnte sich Herr Ik ganz seinen finanzstarken Kunden zuwenden.

Sie waren in bester Verfassung für ein fruchtbares Verkaufsgespräch. Die Juniormakler lagen eingerollt auf dem Fußboden und schnarchten. Herr Geschäftsführer Giggl schaukelte sanft auf dem Kronleuchter hin und her, während sein Partner sich mühte aus diversen Aktenmappen ein Häuschen zu bauen. Herr Ik lenkte seine Schritte in Peyotls Richtung.

„Ach, ich erinnere mich...", sprach er beinahe zärtlich, „du hast damals schon viel Begabung für Architektur gezeigt." (Das war schamlos gelogen, aber eine perfekte Einleitung.)

Herr Peyotl reagierte umgehend. Er strahlte wie ein radiumverseuchtes Mondkalb. „Genau, Ik, haar-ge-nau! Komisch, dass gerade du das bemerkt hast. Die anderen hatten alle keine Ahnung. Ja, aus mir wäre ein passabler Architekt geworden, das steht mal fest, mit nem Riesenarchitekturbüro und allem Drum und Dran. Preise und Auszeichnungen, du weißt schon, das Übliche halt für jemanden, der die Masse um Längen überragt ... ja, ja ...“

Sein grün-rotes Aktenmappenhaus klatschte gerade zusammen.

„Mann, Peyotl, du hast es doch auch so zu was gebracht! Das Büro hier ist der Hit, und von einer Karriere wie du sie gemacht hast, träumen andere bloß.“

Klatsch!!! Das eben neu errichtete Mappenhaus lag platt auf dem Schreibtisch. Immobilienmakler Peyotl schob es mit einer Hand beiseite.

„Du hast vollkommen Recht, Ikchen, aber voll vollkommen. Ich hab eine verdammt feine Karriere hinter mir, und weißte was, sie is noch lange nich zu Ende! Um warum, Ikchen, warum??? Weil ...." Er erhob sich zu voller Schrankgröße um dem folgenden Ausspruch die entsprechende Wirkung zu verleihen. „........weil ich genau richtig bin für diese Branche: athletisch, trainiert und hemmungslos. Ich wickel sie alle ein: die Familienpapis, die Abenteurer, die Angsthasen, die Aufsteiger. Alle."

„Natürlich." Herr Ik zeigte sich ebenfalls athletisch, trainiert und hemmungslos und ergriff das bratpfannengroße Patschehändchen seines Kunden, um es zu schütteln: anerkennend, freundschaftlich, bewegt. „Du kriegst alles, und du gibst alles. Alle Achtung, mein Gutester, das kostet Kraft."

„Kannste mir glauben, Ik. Wenn ich mich abends auf die Matratze werfe, bin ich fix und foxi, aber echt."

„Ich auch, ich auch!", tönte es vom Kronleuchter herunter. Auch vom Fußboden her war zustimmendes Gemurmel zu hören.

Na bitte, da hatte er die Bande doch da, wo er sie wollte. Herr Ik lief zur Höchstform auf, keine Frage.

„Erfolgreich zu sein geht an die Substanz, es zehrt an den Kräften." Mitfühlend tätschelte er die Peyotlesche Pranke. Derselbe reagierte dementsprechend.

„Man fühlt sich schlapp wie ein Wischmop", jammerte er in weinerlichem Ton.

Herr Ik spendete umgehend Trost: „ Ein Gefühl, das jeder Sieger kennt, lieber Peyotl. Darum muss man dem Körper wieder das an Kräften zuführen, was man ihm vorher abverlangt, ja, ich möchte sagen geraubt hat. Ich weiß ja nicht, ob du daran Interesse hast, und die Herren Kollegen auch, aber ich könnte dir zeigen, wie du dich Tag für Tag regenerieren kannst."

In einem Akt schauspielerischer Glanzleistung blickte Herr Ik nervös auf seinen Zeitmesser und griff nach seinem Köfferchen. „Huch, ich seh gerade, dass es schon so spät ist. Eventuell dann ein andermal, ja, wenn die Herren weniger beschäftigt sind und ich zufällig in dieser Gegend zu tun haben sollte."

„ N E I N !" Sie schrien allesamt. Der Kräfteverschleiß im Maklergewerbe schien ungewöhnlich hoch zu sein. Schau, schau, wer hätte das gedacht.

„Will ich sehn, will ich haben wa-was fifi-fit macht", lallte Herr Giggl aus luftiger Höhe.

„Dynamischdynamisch wollen wir sein, dynamischdideldumdumdum!" Die am Boden gelagerten Juniormakler waren aufgestanden, hatten sich an den Händen gefasst und tanzten jetzt einen Ringelreihen. „Dynamischdynamisch, didelideideidei, eiei!"

Herr Peyotl begnügte sich nicht mit verbalen Bekundungen seines Interesses. Er warf sich Herrn Ik an den Hals und rutschte schluchzend bis zu seinen Füßen herab. Mein lieber Herr Gesangsverein, die Jungs schienen es wirklich bitter nötig zu haben. Was? – NIX in jeder Form. Nun, er würde gnädig sein und es ihnen geben. Reichlich. Und, der momentanen Marktlage entsprechend, zu nur geringfügig erhöhten Preisen. Er räusperte sich, um zu näseln:

„Meine Herren, Sie sehen mich hier in einer peinlichen Lage. Einerseits habe ich nur einen knappen Warenbestand zur Verfügung, weil die Nachfrage nach diesem sensationellen Mittel außergewöhnlich hoch ist, andererseits sagt mir mein Gewissen, dass ich Sie keinesfalls ohne NIX zurücklassen darf. Die Warteliste meiner Kunden, darunter übrigens Topmanager aus

Industrie und Politik, ist dermaßen lang, dass sie Jahre warten müssten, um in den Genuss dieses revolutionären Produktes zu gelangen."

„ N E I N !" Ein Aufschrei aus vier Kehlen. Ergreifend.

Herr Ik zückte ein Taschentuch und tupfte sich gerührt, dennoch männlich an den Augen herum. „Ich kann es nicht. Nein, ich k a n n ´s n i c h t ! Ich kann Ihnen nicht einfach so die kalte Schulter zeigen! Ich werde dem Freund aus seligen Kindertagen und den Freunden dieses Freundes helfen. Ich werde Ihnen sämtliche Vorräte, die ich in meinem Musterkoffer mit mir führe, verkaufen. Ungeachtet der Konsequenzen, die dies sentimentale Handeln mit sich bringen wird, jawohl." Er ließ den Kofferdeckel aufschnappen.

Beifall auf allen Rängen. Sie umringten ihn und grapschten sich Armladungen voller Röhrchen, wahllos und gierig. Es war pures Vergnügen, ihnen zuzusehen. Herr Ik kassierte.

Giggl und Peyotl zahlten mit Kreditkarte, die Herren Juniormakler zahlten bar. Dem Bleichgesichtigen mit dem Bijoubärtchen reichten die Flockis nicht. Sanft aber bestimmt nahm Herr Ik ihm zwei Röhrchen wieder ab und legte sie zurück in den Koffer. Das Bijoubärtchen zuckte. Gleich würde er losflennen. Schrecklich. Dass Männer immer gleich weinen mussten. Schlimm. Er strich dem Knaben nachsichtig übers erbsengrüne Haupthaar. „Aber es reicht doch auch so für einige Zeit, junger Freund. Sie werden staunen, wie gut Sie wieder zu Kräften kommen, warten Sie's ab."

„Wie nimmt man das denn ein?", begehrte Junior Nummer Zwo zu wissen. „Innerlich oder äußerlich? Einreiben oder inhalieren? Oral oder rektal? Vor oder nach den Mahlzeiten. In Wasser gelöst oder....."

„Drauf gefurzt, ich fress alles, Hauptsache es hilft!"

Das kam von Herr Giggl. Er schien von robustem Naturell zu sein. Herr Ik konnte im letzten Moment verhindern, dass er das Minisparpreisröhrchen, das er sich in den Mund geschoben hatte, auch schluckte.

„Meine Herren, darf ich um Ruhe und um ihre geschätzte Aufmerksamkeit bitten, ja?! Ich werde sie nun für einige Minuten allein lassen, um nebenan für sie NIXDA korrekt und wirkungsvoll zuzubereiten. Diese Rezeptur ist dann verbindlich. So ist ein maximales Energie-Ergebnis gewährleistet. – Wenn ich nun jeden der Herren bitten dürfte, eines seiner Röhrchen zu öffnen und mir eine Portion für die Zubereitung mitzugeben. Bitte hier in den Pappbecher streuen, einer nach dem anderen. Danke."

(Geschenkt gab's nix, und NIX erst recht nicht!!!) Mit dem vollen Becher und der bestmöglichen Laune verschwand er im Nebenraum

Herr Ik steckte den Finger ins Ohr.

„Hallöchen, hier Ik. Ich brauche ein durch und durch nahrhaftes Kochrezpt von euch. Könnt ihr da mal für mich nachschauen?"

„Piep-piep. Aber gewiss doch, wir machen alles, wenn wir nur nett gefragt werden, piep. (Stimme räumlich nach hinten gerichtet:) Hey, Jungs, unser notorischer Piesepampel ist heute mal richtig gut drauf! Piep-piep."

„Bin ich auch. Allerdings nicht lange, wenn ihr weiter so rumsülzt. Hab da nämlich ein Rudel von Kunden, die warten."

„Piep. Auf das nahrhafte Rezept?"

„Genau. Die sind ganz fertig vom Rund-Um-Die-Uhr-Dynamisch-Sein, die armen Schweine. Brauchen was wirklich Feines zum Beißen."
„Piep. Aber das Rezept können sie nich beißen, haha, das is mal null nahrhaft, hahaha, piep-piep. Korrekt formuliert brauchst du kein nahrhaftes Rezept, teuerster Ik, sondern das

Rezept für ein nahrhaftes Gericht, piep-piep-piep."

„Ihr könnt mich doch mal, und zwar kreuzweise."

„Piep-piep, wer wird denn gleich so ausfallend werden, hm, immer schön geschmeidig bleiben. Piep. Wir wollten dich nur auf den formvollendeten Umgang mit der venusianischen Sprache hinweisen, piep-piep. Ja, ja, sprachliche Verrohung, wohin man sieht! Piep."

„Wird's bald?!?!!"

„Piep. Aber selbstverfreilich. Danach haben sich auf deinem Lieblingsplaneten Erde schon anno Achtzehnundert Blumenkohl die Herzöge das Mäulchen geleckt. Piep. Mit Rotwein und Orange und so weiter. Also – willste?"

„Ich will. Rehrücken kalt. Das passt. Sitzt, passt und hat Luft. Schickt es mir rüber, bitte."

„Kinder, habt ihr´s gehört, piep, er hat tatsächlich ´bitte` gesagt! Piep. Den Tag müssen wir auf dem Kalender dick einkreisen. Piep-piep. Bitteschön-dankeschön auch, Herr Ik! Piep."

„Dankeschön-bitteschön und Tschau!"

Konversation und höfliches Geplänkel halten wahnsinnig auf. Trotzdem ist einem manchmal danach, zum Beispiel, wenn man gerade nahezu den gesamten Warenbestand zum überhöhten Preis verhökert hat.

Ein vor Zufriedenheit schnurrender Vertreter hielt das ausgedruckte Rezept vor den

Visualisierungsschirm und drückte gleichzeitig die Konkretisierungstaste im Kofferdeckel. Das Ergebnis dieser Aktion drapierte er kunstvoll auf einer Silberplatte. Dabei kam er nicht umhin, innerlich den Hut vor dem Kochgenie zu ziehen, das diese wohlausgewogene Komposition aus Wildheit und Raffinesse ausgeheckt hatte.

Er verteilte das zusammengesammelte NIX-Pulver darüber. Die Stärken dieses Produkts waren, dass es absolut war. Absolut unsichtbar. Absolut geschmacksfrei. Absolut wirkungslos. Damit war es von jedem Wesen im Universum zu jeder Gelegenheit und jeder Zeit konsumierbar. Ein Markenkonzept, an das Herr Ik bisher treu und fest geglaubt hatte. Doch nun ... tja, nun glaubte er an die Unterlage, auf die er jeweils sein Pulver streute. Und diese Unterlage aus zartem Fleisch und fruchtiger Sauce war perfekt.

Das Planetoiden-Immobilienbüro Giggl & Peyotl bekam was für seine Flockis. Dermaßen satt, motiviert und gestärkt konnte es getrost mit der Vermarktung des nächsten Planetoidengürtels beginnen. Amen.

REHRÜCKEN KALT

Zutaten:

(für 4-6 Personen)

1 Rehrücken (etwa 2 kg)

1 l Buttermilch

3 Zitronenscheiben

5 Pfefferkörner,

3 Wacholderbeeren,

1 Lorbeerblatt

Salz, Pfeffer

250 g Speckscheiben

100 g Butter

Schale einer Orange (ungespritzt)

3 Eßl. Rotwein

200 g Johannisbeergelee

1 Teel. Senfpulver

Salz, Zitronensaft

Zubereitung:

Den Rehrückenhäuten und zwei Tage in einer Marinade aus Buttermilch, Wacholderbeeren, Lorbeerblatt, Pfefferkörnern und Zitronenscheiben einlegen, dabei gelegentlich wenden.

Das Fleisch abtropfen lassen, gut abtrocknen, mit Salz und Pfeffer einreiben und dicht mit Speckscheiben belegen. In der Bratpfanne mit heißer Butter Übergießen und bei guter Mittelhitze im Ofen in 40 bis 60 Minuten außen braun und innen rosa braten. Von Zeit zu Zeit mit heißem Wasser begießen. In den letzten 10 Minuten den Speck abnehmen und vollends bräunen. – Den Rehrücken abkühlen lassen, Filets vorsichtig vom Knochen lösen, schräg in Scheiben schneiden und wieder auf die Knochen legen. Mit Orangenscheiben garnieren.

Berühmt wurde diese Wildspezialität durch die Sauce, die zu dem Fleischgericht gereicht wird. Sie wurde zu Ehren des Herzogs Ernst August von Cumberland (1845-1923) von hannoverschen Köchen erfunden und trägt seitdem seinen Namen.

Zubereitung Cumberlandsauce:

Orangenschale in feine Streifen schneiden, 15 Minuten in Rotwein kochen, abkühlen lassen und mit den übrigen Zutaten (Gelee, Senfpulver, Zitronensaft, Salz) verrühren.

10. Teil:

Herr Ik lässt sich aus Taschen naschen

Er beamte sich weg. Einfach so, ohne Zielangabe. Und während er durch den Weltraum schwebte, sammelte Herr Ik seine 293847494048282901 Gedanken, 293847494048282901 davon glückstrunken. Glückstrunken? Ach was, besoffen vor Glück! Mit diesem grandiosen Verkaufserfolg im Planetoidenimmobilienbüro hatte er sämtliche Soll-Vorgaben erfüllt. Überfüllt. Gesprengt. Mit seinen Einsätzen auf dem Blauen Planeten hatte er ein neues Verkaufsgebiet erfolgreich erschlossen und für die NIX PLANETENGMBH & COKG urbar gemacht. Madame Mishkutjonok konnte sich glücklich schätzen, einen solchen Mitarbeiter in ihren Reihen zu wissen. Er würde belobigt werden und befördert, eventuell sogar im NIXDA SCHULUNGSBUCH FÜR BERUFSANFÄNGER IM AUSSENDIENST unter „I" wie Ik Erwähnung finden, wahrscheinlich als >Held im Außendienst<.

Im Schweben öffnete Herr Ik seinen Koffer, um sich an der gähnenden Leere zu erfreuen. Lediglich zwei mickrige Röhrchen rollten auf dem Kofferboden herum. Er nahm sie heraus und steckte sie rechts und links in die Jackentaschen, um den Anblick vollkommen zu machen. Gab es für jemanden aus dem Verkaufsgewerbe überhaupt etwas Schöneres als einen Null-Warenbestand??? Wohl kaum. Herr Ik konnte sich gar nicht satt sehen, und während er so schwebend guckte, oder guckend schwebte, driftete er leicht von der Hauptflugbahn ab. Weil er unachtsam war, und weil er den Koffer so hielt, dass sich sein Gewicht verlagerte. Jedenfalls schwenkte er auf einen Weißen Zwerg zu, ohne es zu merken.

Als er es merkte, war es zu spät.

Hunderte von Schleckerschnuppsen wuselten um ihn herum, hängten sich traubenweise an seinen Rocksaum und die Hosenbeine. Er versuchte sie abzuschütteln, was natürlich misslang. Im Gegentum: Es machte den Winzlingen mächtig Spaß. Sie juchuhten und kieksten und johlten, als befänden sie sich auf einer Achterbahn. Die Tatsache, dass sie dafür kein Billett hatten lösen müssen, schien die Begeisterung zu verdoppeln. Verdorrinocheinmal, warum hatte er auch nicht besser aufgepasst!

Jeder Schulbub wusste, dass abseits der Hauptflugbahn die Weißen Zwerge mit ihren überaus lästigen Bewohnern angesiedelt waren. Ein grässliches Völkchen! Gesegnet mit Infantilität, Bauernschläue und dem Hang zu Kleptomanie. Dazu kam eine für das gesamte Universum einmalige Naschhaftigkeit. Die Schleckerschnuppse fraßen alles, wenn es nur möglichst süß und klebrig war. Diese einseitige Ernährungsweise hatte sich im Laufe der Jahrmillionen dahingehend ausgewirkt, dass sie selbst immer klebriger wurden. In diesem Jahrtausend hatten sie die Konsistenz eines zerlutschten, angesabberten, aufgeweichten

Karamelbonbons. Igittigitt! Über die Maßen fruchtbar vermehrten sie sich stündlich und fielen in Horden über Ortsunkundige her, die sich verirrt hatten oder einfach nur vom Weg abgekommen waren. So wie Herr Ik.

„Hastehaste Süßes dabei, Freund Ik?", brabbelte der Schleckerschnupps, der an seinem Ohrläppchen haftete. (Dass sein Name Ik war, wusste er, weil sein Kumpel bereits den Ik´schen Personalausweis gemopst hatte.)

„Mmmmmmm, jaaaaaaa, was zum Schleckernschleckern!", johlten 12 andere Schnuppse.

Herr Ik hatte begonnnen die Schnuppse, die an seinem Arm hoch krochen, mit den Fingern wegzuschnippen. Mit spitzen Schreien (wahrscheinlich verschaffte das diesen Miniblödmännern noch Vergnügen!) stoben sie durch die Sphäre, wer weiß wohin.

„Ihr seid ja schon wieder geschrumpft", stellte Herr Ik sachlich fest. Damals, vor langer, langer Zeit, als ihr Stern noch ein Roter Riese war, hatten die Schleckerschnuppse etwa seine Größe gehabt. Doch dann, als ihr Stern abgekühlt und geschrumpft war, waren auch seine Bewohner kleiner und kleiner geworden. Wenn das so weiter ging, bestand die berechtigte Hoffnung, dass sie eines schönen Tages ganz verschwunden sein würden. Leider raubte ihm der Schleckerschnuppsenführer sogleich jede dahingehende Illusion.

„Wir werden kleiner, aber immer mehr. Und jetzt her mit den Keksen, den Gummibärchen und der Schokolade!", brüllte er.

„Hab nichts", erwiderte Herr Ik und machte Anstalten, den Herrn Anführer per Fingerschnipp ins All zu befördern.

„Wage es nicht!!! Wenn du mich anrührst, bleiben meine Leute an dir hängen. – Du weißt, was das bedeutet???"

Herr Ik nickte. Er wusste es. Es bedeutete, mit Tausenden von kichernden, gackernden Klebebonbons behaftet zur nächsten Schnellreinigung fliehen zu müssen. Einmal Anti-Schleckerschnupps-Vollreinigung à 100 Flockis, und wenn man Pech hatte, blieben immer noch Flecken auf dem Anzug zurück.

„Also gut", resignierte er, „ihr kriegt was."

„Juchuuuh, juchuuuh!!!", kreischte es um ihn herum aus 5698 klebrigen Kehlchen.

Der Schleckerschnuppsführer blieb cool. „Was willste uns denn geben, du hast doch bloß deine Papiere und zwei Plastikröhrchen in deinen Taschen drin." (Aha, sie hatten alles durchsucht, auf Zuckergehalt geprüft und dann wieder zurückgetan, zum Glück.)

„Ich kann euch was Feines zubereiten. Vorausgesetzt, ihr haut dann ab."

„Was Feinesfeines!!!", johlte es wie ein Echo aus sämtlichen Richtungen.

„Was soll´n das sein, hä? Was zum Lutschen oder was zum Kauen? Was Weiches oder was Hartes?" Der Führer kam näher. Er klebte jetzt am Kinn.

„Beides." Ja doch, sie sollten alles haben, wenn er sie nur endlich los wäre, diese lästigen Zwerge.

„Isses süß?"

„Klar isses süß."

Herr Ik hatte bereits einen köstlichen Einfall. Ein Rezept, das die Infozentrale ihm irrtümlich durchgegeben hatte. Damals hatte er rumgeschnauzt, weil er länger warten musste, aber das Rezept hatte ihn dermaßen beeindruckt, dass er es in seiner

Hirnkastenschublade mit Aufschrift >Reserve für etwaige Eventualitäten< verwahrt hatte. Nun sollte es zum Einsatz kommen. Es war weich und locker und duftig und fruchtig und süß und lecker und genau das Richtige für die naschhaften Wegelagerer hier.

„Ihr müsst mich aber für einen Moment loslassen, damit ich es zubereiten kann, Herr Führer."

„Genehmigt, Ik. Ich bleibe zur Kontrolle in deinem Grübchen kleben, die anderen bleiben dicht hinter dir. Dank dran: Ein Wort von mir und sie werfen sich alle auf dich. Die kriegst du nie mehr los, da kannst du deinen Zweireiher gleich wegschmeißen."

„I c h linke euch nicht. I c h bin ehrlich. Ein Mann, ein Wort."

„Ich bin, soweit es mir förderlich und von völkischem Interesse ist, i m m e r ehrlich. Ein Schleckerschnupps, ein Wort."

Damit waren die Verhandlungen abgeschlossen. Die Schnuppse zogen sich bis auf ihren Führer auf zwei Meter Abstand zurück und Herr Ik ging ans Werk. Er druckte das Rezept >Sahnewaffeln -Orangenwaffeln< aus, hielt es vor den Visualisierungsschirm und drückte die blaue Taste.

Ein betörender Duft stieg auf, der einen kleinen, wehmütigen Erinnerungshauch durch sein Gemüt wehte. (War da nicht, irgendwo hinter der Milchstraße, ein Fräulein Höhnlein gewesen .....?) Es roch nach Vanille und Butter und

Orangenlikör und Erdbeeren und es sah verdammt appetitlich und weich aus.

Der Anführer aller Schnuppse ließ sich vom Ik´schen Kinn direkt in die Sahne fallen. Ein lautes Schmatzen wurde hörbar.

Das war der Moment!

Herr Ik ahnte instinktiv, dass er eine reelle Chance hatte, die ganze unerfreuliche Situation in einen, wenn auch nur bescheidenen, aber immerhin, Erfolg zu verwandeln. Also griff er zu einem NIXDA-Röhrchen, öffnete es und ließ etwas von dem unsichtbaren Pulver über den Sahneberg rieseln.

Sofort tauchte der Führerkopf, von einem weißen Häubchen gekrönt, wieder auf: „Was´n das, Ik?!"

„Das ist NIX. Das Pulver, das diese süße Herrlichkeit erst möglich macht." Er steckte das Röhrchen betont lässig wieder in die Jackentasche zurück.

Der Führerschnupps verfiel vor lauter Aufregung in den allergröbsten Schnuppsedialekt: „Gibstegibste mir dasdas, loslos!" Er sprang aus dem Stand von der Sahne in die Jackentasche des Vertreters. Und lutschte ziemlich aussichtslos an dem NIX-Röhrchen herum.

Herr Ik senkte die Birne und sprach in die Tasche hinein: „So wird das nichts. Du brauchst schon das Rezept dazu. Es funktioniert nur zusammen: NIX + Rezept."

„Pssssst, Ik, musst ja nich so schrein. Gibstegibste mir, und wir machen fiftyfifty, halbehalbe."

„Du spinnst. Von was halbehalbe? Von den Sachen, die mir sowieso gehören?" Dieser Oberschleckerschnupps war nicht nur charakterlich eine Niete. Er war auch noch dumm-dreist. „Du musst mir schon was bieten, wenn ich dir das Röhrchen da lassen soll, mein Führer", näselte er in die Tasche.

„Was denn?"

„Zum Beispiel Flockis, sagen wir mal 100 Stück, netto, ohne Mehrwertsteuer."

„Hab ich nich. Wir Schleckerschnuppse brauchen keine Flockis, wir brauchen nur was Leckeres. – Willste ´nen Zuckerwürfel?"

„Ich glaube es hackt! Kannst du mir nicht was Brauchbares anbieten?"

„Hm. Warte. Ich hüpfe mal eben wieder in die Sahne, solange ich nachdenke."

Schmatzschmatz, schlürfschlabber, volle Lautstärke.

Er tauchte wieder auf, Freude im Gesicht. „Ich hab´s! Du kriegst von mir einen Passierschein für Durchreise ohne Behelligung von Seiten der Schnuppsevölkergemeinschaft. Mit Stempel, Unterschrift."

Das klang nicht schlecht. Das war ein durchaus akzeptables Angebot. „Mit Gültigkeit auf unbeschränkte Zeit?"

„Meinetwegen. Hier. Und jetzt lass mich noch mal abtauchen, bevor die anderen kommen, mjamm, das is aber auch lecker is das!!!"

Herr Ik nahm mit gespreizten Fingern das klebrige Zettelchen entgegen, verstaute es im Koffer und riss das Fläschchen Eau de Cologne aus dem Reisenecessaire, um damit sein Kinn von allen Schleckerschnuppsrückständen zu befreien. Er beamte auf Schnellstufe los und beobachtete aus sicherer Höhe, wie das Zwergenvolk auf Kommando seines Führers die Waffeln stürmte, entfesselten Naturgewalten gleich.

Eine jubelnde, gibbelige Masse auf dem Weg ins Glück....

ORANGENWAFFELN MIT ERDBEEREN

Zutaten:

(für 4 Personen)

300 g Butter

3 Eier

150g Zucker

1 Päckchen Vanillezucker

1 Prise Salz

100 g Speisestärke

2 Likörgläser Orangenlikör

¼ l Orangensaft

200g Mehl

500 g Erdbeeren

2 Eßl. Puderzucker

1 Päckchen Vanillezucker

¼ l süße Sahne

1 Päckchen Sahnesteif

Zubereitung:

Die weiche Butter cremig rühren und die Eier, den Zucker, den Vanillezucker und das Salz unter ständigem Rühren nach und nach zugeben. Speisestärke mit Orangensaft und Orangenlikör verquirlen, zur Eicreme rühren und das gesiebte Mehl unterheben. Das Waffeleisen erhitzen. Den Teig mit einer Schöpfkelle portionsweise darin verteilen und zu goldgelben Waffeln backen. Diese auf einem Kuchengitter auskühlen lassen.

Inzwischen die Erdbeeren vorsichtig waschen, entstielen und abtropfen lassen. Mit Puderzucker und Vanillezucker vermischen und etwa 15 Minuten durchziehen lassen. Sahne mit Sahnesteif steif schlagen und mit den Erdbeeren zu den Waffeln servieren.

SAHNEWAFFELN

Zutaten:

(für 4 Personen)

300 g Butter

4 Eier

150 g Zucker

1 Päckchen Vanillezucker

1 Prise Salz

100 g Mehl

½ Päckchen Backpulver

¼ l süße Sahne

Zubereitung:

Die weiche Butter cremig rühren, die Eier, den Zucker, den Vanillezucker und das Salz unter ständigem Rühren nach und nach zugeben. Mehl mit Backpulver vermischen und löffelweise abwechselnd mit der Sahne zur Eicreme rühren. Das Waffeleisen erhitzen. Den Teig mit einer Schöpfkelle portionsweise darin verteilen und goldgelb backen. Die fertigen Waffeln auf einem Kuchengitter auskühlen lassen und mit Puderzucker bestäuben.

Als Beigabe passen Preiselbeeren oder Moosbeeren.

11. Teil:

Lange Ohren und Langusten und

ein nasser Herr Ik

Nur noch ein NIXDA-Röhrchen in seiner Tasche, ein einziges, läppisches Röhrchen. Das würde er mir-nix-dir-nix an irgendjemand verkaufen können, vielleicht sogar hier und jetzt, während er im Beamstrom schwebte. Aha, da stand doch schon ein Kandidat: Einer dieser vergessenen, verlotterten Astronauten.

Der Kerl baumelte an einem dicken Seil und ruderte ziemlich ungeschickt mit Armen und Beinen herum. Herr Ik kicherte, was bei Zeus nicht häufig vorkam. Aber jetzt kicherte er.

Diesem wattierten, in Aluminiumfolie verpackten Nasenkasper würde er sein NIX als Präparat gegen Gleichgewichtsstörungen anbieten, und er würde es ihm mit Freude und zum doppelten Preis abkaufen. Oder zum dreifachen?

Nun, wo Herr Ik etwas herangekommen war, sah er, dass dieser Astronaut noch wie neu war. Er glänzte frisch poliert, sauber und rostfrei. Aha, der war noch nicht lange hier oben. Ergo hatte er seine Rakete und sein sonstiges Vermögen noch nicht in Kaschemmen wie ´Hellas Helium-Hütte` durchgebracht. Wie schön. Ob vielleicht, eventuell, der vierfache Preis .....???

Während Herr Ik solchermaßen sinnierte, machte er einen unter normalen Bedingungen völlig unbedeutenden Ausfallschritt.

Und fiel.

Nicht hin, sondern ab.

Immer weiter.

Er fiel und fiel und fiel und fiel, sah sich um und wusste: Aha, ich bin in ein Schwarzes Loch gefallen, ich Dödel! Und fiel und fiel und fiel bis es SPLISH-SPLASH machte.

Ende der Talfahrt.

Er war irgendwo im Nassen gelandet. Auf einem dieser idiotischen Wasserplaneten, auf die man keinen Fuß setzen konnte, ohne Schuhe und Beinkleider zu ruinieren. Diese Planeten wurden normalerweise nur von Wassersportlern besucht und von Touristen in albernen Badelatschen und Badeshorts.

>B a d e g l ü c k   auf …. (Soundso)!< hieß es in den diversen Reiseprospekten, >Kommen Sie auf unseren Planeten, am besten noch heute, und genießen Sie es, unter gleißender Sonne ins Unendliche zu schwimmen! Charterbeams zum Sonderpreis. Familienrabatte ab 112 Personen.<

Es fanden sich auch immer welche, die eine Pauschalreise Badeglück auf dem Wasserplaneten ….. buchten; die unter gleißender Sonne ins Unendliche schwammen und dann irgendwann feststellten, dass es kein Krümelchen Land gab, auf das man klettern konnte. Also schwammen sie weiter, was blieb ihnen auch anderes übrig. Mit der Zeit wuchsen ihnen Schwimmhäute zwischen den Zehen, manchmal auch Flossen, und sie stiegen von Lungen- auf Kiemenatmung um. Historischwissenschaftlich war noch nicht geklärt, ob sich die Wasserplaneten-Ureinwohner nicht aus ehemaligen Bade-Urlaubern rekrutierten, statt, wie die Schulbuchtheorie lautete, aus Wasserflöhen in hoch entwickeltem Stadium.

Wie dem auch war, die Badeglück-Urlauber schwammen und schwammen, und man erkannte lediglich an der Farbkraft ihrer gemusterten Shorts und an der Beschaffenheit ihrer Stroh-Sonnenhütchen, ob sie schon länger oder erst kurz auf dem H2O-haltigen Planeten weilten.

Herr Ik paddelte mit den Füßen und hielt sich am Musterkoffer fest, der wie eine kleine Plastikinsel auf der Wasseroberfläche ruhte. Ein Grund mehr darüber froh zu sein, dass er bar jeden Inhalts und nur noch eine Schale war. Ob er sich wohl arg verrenken musste, um an seine Socke und die Beamtaste zu kommen??? Er versuchte es, wobei er sich unfreiwilligerweise von der hohen Trinkqualität des Wassers überzeugte.

Wo er wohl war? Auf Cacun, Stratos, Sikos, Biblo, Bobo, Charmwitzselopo oder Scmeoprxpwosk? Auf Hk 7,WC 9 oder 00 2?

In dem Moment, als er die Augen hob, wusste er es. Vor ihm stand ein Rudel Ureinwohner in bedruckten T-Shirts. Darauf prangten ein großes I, ein rotes Herzchen und das Wort WAWA. Aha, er befand sich auf dem Wasserplaneten WAWA. Für was waren die Wawaianer eigentlich bekannt? Herr Ik brauchte nicht zu grübeln, weil sein Gegenüber es ihm gleich verriet, auf typisch wawaianische Weise.

„Du willst die Beamtaste in deiner rechten Socke drücken? Vergiss es, Herr Ik, das klappt so nie." (Richtig, die Wawaianer konnten Gedanken lesen und – eine Spezialität von ihnen – sie auch klauen.)

So so, er war also bei den wasserköpfigen blassblauen Gedankenklauern gelandet! Das war nicht unbedingt ein Grund zur Freude, aber auch kein Grund zum Jammern, weil die Wawaianer außer ihren Quellköpfen mit den langen Ohren dran noch etwas hatten: Flockis satt!!! Herr Ik fasste den Entschluss, den Wawaianern sein letztes NIXDA-Röhrchen zu verkaufen und verjagte den Gedanken daran sofort aus seinen Gehirnwindungen. Avanti, avanti, presto, presto, dawai, dawai, husch, husch, weg und ab ins Körbchen! Denn wenn die Wawaianer dich erwischen und lesen, werden sie mir eins husten statt eins zu kaufen!!!

Demzufolge konzentrierte Herr Ik sich darauf, Hunger zu haben. Der Wasserkopf links von ihm biss gleich an:

„Mei-o-mei, was hab ich für nen Hunger!"

„Wieso, wir haben doch gerade erst gespachtelt?! Du kannst gar keinen Hunger haben, Wackel."

„Kann ich doch. Ich hab Hungergefühle, ganz einwandfrei." (Klar hatte er die, frisch geklaut!)

Herr Ik konzentrierte sich weiter auf ´Hunger` und ´Essen`. Die anderen Wawaianer kamen näher an ihn und seine Gedanken heran und verspürten auf der Stelle ein Bedürfnis nach Nahrung.

„Spachteln, spachteln!"

„Wackeli hat Hunger!"

„Lasst uns Essen fassen, Brüder!"

„Woll, woll!"

Wenn er nicht wollte dass die T-Shirt-Bande verduftete, musste er sie jetzt bei der Stange halten. Und wie? Mit einem 1A-Gericht, natürlich. Die wasserköpfigen Wawaianer waren nicht nur für ihr Talent zur Gedankenklauerei und ihre immensen Flockisparguthaben berühmt, sondern auch für ihre feine Zunge. Ihre große Leidenschaft waren alle Arten von

Meeresfrüchten, insbesondere Langusten, die es hier auf WAWA zuhauf gab. Diese herrlichen zartfleischigen Tierchen hatten es auf diesem Planeten zu einer beachtlichen Größe und einer ebenso beachtlichen Cleverness gebracht. Ersteres zur Freude der Wawaianer, letzteres zu ihrem Kummer, denn es gelang ihnen viel zu selten, eine Languste in den Kochtopf zu kriegen. Doch vielleicht war es gerade dieser Sachverhalt, der das Verlangen nach Langusten schürte.

Herr Ik hatte nun drei Dinge zu tun, und zwar möglichst gleichzeitig:

1. Intensiv an Langusten denken!
2. Finger ins Ohr stecken und Langustenrezept abrufen!
3. Heftig Füßepaddeln, um nicht abzusaufen!

Während die Langohren sich um ihn scharten und von Langusten schwärmten, nahm er Kontakt zur Infozentrale auf.

„Hallo Leute, hier Ik. Schickt mir mal ganz fix ein grandioses Langustenrezept rüber!"

Piep, der Ik, piep. Wo hast du denn die ganze Zeit über gesteckt, piep? Weißt du denn nicht, was bei uns in der Firma los ist?! Piep-piep."

„Wie, los??? Was meint ihr? Ich hab keine Ahnung."
„Solln wir mal´n Stichwort geben, piep?"

„Macht es nicht so spannend, ich stecke hier mitten in der Arbeit!"

„Na schön. Stichwort: NIX-Sonderauszeichnung!
Piep."

„Ihr…ihr…meint………Madame……Mishkutjonok..
… will……sie wird………"

„Piep. Ge-nau! Findet gleich statt. Die
Vorbereitungen in der Kantine, piep, laufen
bereits auf Hochtouren, piep, volle Kanne,
gewissermaßen. Dein Chef, der Herr
Vertriebsleiter Venus Unterirdisch I-III, hockt
schon seit Stunden poliert und glanzversiegelt da
rum, piep. Ikchen, Ikchen, da solltest du nicht
fehlen."

„Geht es um unser neues Produkt, ja??? Kinder,
ich vergebe euch alles, jede Schlamperei und
jede Frechheit, wenn ihr mir sofort und haarklein
berichtet."

„Piep-piep, deine Vergebung kannste dir...brummelbrummel (= undeutliches Gemurmel), aber ein bis zwei Kistchen Bier könntest du rüberwachsen lassen, wenn wir dir hier so heisse News liefern."

„Versprochen. Also???"

„Tja, es geht um NIXDA und um, wie wir hier vernommen haben, grandiose – piep – piep Verkaufserfolge. Ik, piep, IK!!! Hörst du noch? Lebst du noch? Warum schnaufst du so komisch? Piep."

„Alles im grünen Bereich, Leute. Gebt ihr mir jetzt das Rezept, damit ich´s noch rechtzeitig zur Eröffnungsrede schaffe?"

„LANGUSTENSCHWÄNZE

MIT GEMÜSESALAT, GEFÜLLTEN EIERN UND SCHAUMMAYONÄSE, bereits unterwegs. Und vergiss unser Bier nicht. Piep, piep, piep."

Das war es also.

Er hatte es geschafft.

Er musste schnellstens nach Hause, frische Socken anziehen, den Anzug wechseln, die silbergraue Polyesterkrawatte umbinden, seine grünbraunen Haarbüschel mit Gel zurückkämmen oder, zur Feier des Tages, hochtoupieren, in die Lackschuhe steigen und in einem Affenzahn zur NIX PLANETENGMBH & COKG-Werkskantine düsen um dann vor der einzigartigen Madame Mishkutjonok zu stehen. -- -------------- Noch heute Abend würde er ihr

Medaillon an seinen pochenden Herzzentralmotor pressen können, ja, ja, ja!!!

Doch er wollte der Königin, der Göttlichen, mit einem 100%igen Verkaufserfolg gegenüber treten, und darum musste auch das allerletzte Röhrchen verschwinden. Er blickte erst auf seinen Zeitmesser, dann auf die ihn umgebenden Wawaianer. Noch konnte er es schaffen.

Ein besonders aufgeweckter Bursche hatte bereits die neuen Gedankengänge im Ikschen Hirn aufgespürt. Während seine Kollegen noch „Languste, Languste, mmmmh, köstlich!!!" riefen, sagte er mit sehnsuchtsvoller Stimme immer den einen Namen auf: „Madame Mishkutjonok, o-o, Madame Mishkutjonok, o, Madame Mishkutjonok!"

Der erfahrene Vertreter, der Herr Ik nun mal war, wusste, dass er nun zum Kernpunkt, dem Casus Knaxus zu kommen hatte. Er verbannte jeden anderen Gedanken aus seinem Kopf und schwelgte in Vorfreude auf das durchgegebene Langustenrezept. Die Ureinwohner WAWAS rasten vor Begeisterung.

„Wollen wir haben! Los, her damit!"
„Wollen wir essen! Aber sofort!"
„Woll, woll, und zwar ganz viel!"
„Was kostet das?", brüllte der aufgeweckte Bursche von vorhin, der natürlich schon mitbekommen hatte, dass Herr Ik etwas verkaufen wollte.

Herr Ik konzentrierte sich auf das Röhrchen, der Rest spulte programmgemäß ab: Die Wawaianer wollten zu der Languste dieses eine Röhrchen, koste es, was es wolle. Sagten sie zumindest, fingen aber gleich an zu feilschen. Sie steckten die Quellköpfe zusammen, tuschelten und boten Herrn Ik dann die gewünschte Summe an. (Weil er klug genug gewesen war, die Verhandlung mit der zehnfachen Flockisumme zu beginnen, versteht sich.) Nun stellte sich nur noch das Problem, wie er die Hände zum Öffnen des Koffers benutzen konnte, ohne das Risiko einzugehen, als Fischfutter zu enden. Oder als Langustenfutter, haha. Mit knappen Worten wies er auf die Problematik hin.

Die Wackels und Wickels und Wuckels genossen ihre Überlegenheit und ergingen sich in Beileidsbekundungen für das arme flossenlose und schwimmunkundige Volk der Venus, bevor sie Herrn Ik folgenden Vorschlag unterbreiteten: Sie alle würden sich auf den Bauch legen, so dass er bequem Platz für sich und seinen Koffer und die Zubereitung der göttlichen Languste fand. Akzeptabel, oder?

Herr Ik war sich nicht sicher. Er kniff einen der Ureinwohner in die Kehrseite, um seine Beschaffenheit zu prüfen. Fühlte sich an wie Styropor. Hm, könnte klappen. Aber eine zusätzliche Vorsichtsmaßnahme wäre nicht übel, zumal Herr Ik ganz und gar nicht willens war, so kurz vor seinem Ziel auf diesem blöden wässrigen Planeten das Zeitliche zu segnen.

„Habt ihr noch etwas da, was mich über Wasser halten könnte? So zur Sicherheit?"

Hatten sie. Sie schleppten eine Gummiente und zwei Schwimmflügelchen herbei, die unglückseligen Überbleibsel eines Badeglück-

Gastes. Herr Ik streifte die frisch aufgeblasenen Flügelchen über die Jackettärmel, stieg auf die ihm dargebotenen Wawaianerrücken und legte los:

Schirm/Boden, Taste/Deckel. Koffer zugeklappt, Gericht fertig.

Er streute vorsichtig von dem Pulver über die Pracht, stellte in einer Anwandlung von Spendabilität ein Körbchen frischen Weißbrots dazu und klammerte sich dann sowohl an seinen Musterkoffer, als auch an die freischwimmende Ente. Erst danach gab er das verabredete Zeichen, 3 x Klopfen mit dem Fuß.

Zwei Dutzend Wawaianer erhoben sich wie ein Mann!

Herr Ik segnete den Erfinder der Gummiente, denn das glotzäugige brave Tier fing viel von dem plötzlichen Sturz auf. Während er nun abwartete, dass die Wasseroberfläche sich wieder glättete, sah er den langohrigen T-Shirt-Trägern zu, wie sie nach dem Röhrchen und nach der Languste griffen. Sie stopften alles unter ihre Hemdchen und tauchten ab. – Klar, ihr Speiseraum befand sich um die 90 Fuß tief unter dem Meeresspiegel.

Herr Ik wünschte ihnen in Gedanken einen guten Appetit.

Ein Quellkopf tauchte wieder auf.
„Danke", sagte er, auf beiden Backen kauend.

LANGUSTENSCHWÄNZE „PARISIENNE"

Zutaten:

(für 2-4 Personen)

2 Langustenschwänze

¼ l Wasser

¼ Teel. Salz

2 Eßl. Essig

weißer Pfeffer

1 Zwiebel

1 Lorbeerblatt

1/8 l süße Sahne

1 Glas Salatsauce

2 Tassen frisches oder tiefgekühltes

gewürfeltes Gemüse

4 hart gekochte Eier

Salz, Pfeffer, Senf

Salatblätter

Zubereitung:

Die Zwiebel schälen, mit dem zerkleinerten Lorbeerblatt bestecken und mit dem Salz, dem Essig und dem Pfeffer (nach Geschmack) ins Wasser geben und bei mittlerer Hitze etwa 5 Minuten lang kochen. Langustenschwänze hinein geben und 10 Minuten kochen. Den Topf vom Herd nehmen und kalt stellen.

Mayonnaise: Gut gekühlte Sahne in eine Schüssel geben und mit dem Schneebesen schaumig rühren. Die Salatsauce locker untermischen.

Gemüsesalat: Salzwasser zum Kochen bringen, Gemüse (z.B. Möhren, Erbsen, Bohnen) dazugeben und fast weich kochen. In ein Sieb schütten, gut abtropfen und abkühlen lassen. Mit der Hälfte der Mayonnaise vermischen und pikant abschmecken. Die hart gekochten Eier schälen, längs halbieren, das Eigelb herausheben und durch ein Sieb streichen. Mit einem Esslöffel Mayonnaise, etwas Salz, Pfeffer und wenig Senf verrühren, in einen Spritzbeutel mit gezackter Tülle füllen und auf die (leeren) Eihälften spritzen.

Die abgekühlten Langustenschwänze längs halbieren und mit dem Gemüsesalat und den gefüllten Eiern auf gewaschenen und gut abgetropften Salatblättern anrichten. Die restliche Mayonnaise mit der steif geschlagenen Sahne vermischen, in ein Schälchen füllen und zu den Langustenschwänzen reichen.

Dazu passen vorzüglich frisches Weißbrot und trockener Weißwein.

12. Teil:

Das Schicksal und
Madame Mishkutjonok
schlagen zu

Herr Ik war gerade im Begriff sich in die Badewanne seines Apartments zu beamen, als die Turmuhr eines vorbeisausenden Planeten zur Blauen Stunde schlug.

Was, so spät war es schon?!

Käsemist, jetzt musste er so wie er war in die Werkskantine, wenn er die Feier nicht verpassen wollte. Nachdem er das verdaut hatte, fand er sogar Gefallen daran nass, mit einem zappelnden Fischlein im Haar und einem im Hosenaufschlag, vor die blitzblanke Belegschaft zu treten. Sollten sie ruhig gucken, die Herren Kollegen und die Herren Abteilungsleiter, allen voran dieser penetrant leuchtende Quetzelcotl, der immer so klugscheißerisch mit seinem Zeigefingerstock rumfuchtelte. Wi-der-lich.

Nein, was würden sie alle gaffen, wenn er von Fräulein Rostnikow nach vorn auf das Podest gerufen würde ... Sein ungewöhnlicher Aufzug würde die Wirkung nur noch erhöhen: Einer, der Lichtjahr um Lichtjahr unauffällig in ihren Reihen dahingewurstelt hatte, war herausgetreten, um ein anderer zu werden!!! Äußerlich nass, innen erstarkt, war er zu einer neuen Persönlichkeit herangereift.

Das würde S I E sofort erkennen, denn Madame Mishkutjonok kannte jeden ihrer

Mitarbeiter bis ins Detail, jeden einzelnen! Das stand Weiß auf Schwarz im NIX FIRMENPORTRAIT, das war eine der Säulen, auf denen die Firmenphilosophie ruhte. Herr Ik zweifelte keine Nanosekunde daran, dass Madame Mishkutjonok seine wunderbare Wandlung vom kleinen Vertreter zum charismatischen Verkaufsgenie mit Führungsqualität schon lange geahnt hatte und nun endlich bestätigt sah. Möglicherweise würde sein tropfendes Outfit ihr sogar ein Lächeln entlocken, oder ein amüsiertes Zucken um den dschungelroten Mund, wer weiß...

Ik, du träumst schon wieder. Drück endlich die Beamtaste, Stufe Höchstgeschwindigkeit.

Er kam im hintersten Winkel der bis zum letzten Platz besetzten Kantine zum Stehen, genau unter einer Girlande. Hier konnte er ohne gesehen zu werden hocken bleiben. Der lange Weg bis hin zum Podium würde seinen Auftritt n o c h spektakulärer machen. Herrlich! Und er konnte die heruntergeklappten Kiefer der lieben Kollegen im Vorbeigehen genießen. Fan-tas-ti-co! Nur, dass er so lange warten musste, während das Wasser durch das Sitzen zusammenlief, sich zu einem Bächlein sammelte, um dann an den Socken entlang in seine Schuhe zu laufen, störte ihn etwas. Wann, bitte, ging´s denn endlich los???

Das NIX WERKSORCHESTER intonierte die ersten Takte der NIX FIRMENHYMNE.
Trommelwirbel ....

Madame, Madame
Wir geben Ihnen alles
Und Sie, und Sie
Sie geben uns NIX.

Durch NIX können wir
Freude tanken
Und dafür danken
Wir Ihnen hier!

NIX ist in unseren Herzen
In unseren Köpfen
Und unserem Bauch
Da ist es auch!

Schubidamdam,
Schubidamdam
Madame, Madame
Madame, Madame.

Sie bliesen und zupften und strichen und klopften, während die Werkstauben nacheinander hereinflatterten, jede ein Schildchen mit der Verszeile im Schnabel, so dass die Belegschaft geschlossen und fehlerfrei mitsingen konnte. Wie immer spielte das Orchester falsch, wie immer sangen die Firmenangehörigen schaurig, wie immer überkam alle ein Gefühl der Zusammengehörigkeit, und wie immer wischte sich Herr Ik je ein Tränchen aus den Augen. - Seine Firma, sein Leben.

„Sie kommt, sie kommt!" Unruhe machte sich breit, Birnen hoben und senkten sich. „Eine Gasse bilden, bitte eine Gasse bilden!" Rechts und links des Ganges wurden Stühle beiseite gerückt, damit eine kleine Karawane, beladen mit einer in Tüchern verhüllten Skulptur, ihren Weg nach vorn nehmen konnte. Herr Quetzelcotl nutzte die Gelegenheit, der Welt und sich seine Loyalität zur Firmenchefin zu beweisen. Er hüpfte mit seinen Gummifüßen auf einen Tisch, ließ seinen leuchtenden Zeigestockfinger kreisen und schnarrte:

„Platz für die Ehrenstatue unserer hoch verehrten, über alles geliebten NIXKÖNIGIN Madame Mishkutjonok!" Und er besaß noch die Chuzpe, ein „Platz da, sag ich!" nachzuschnarren.

Herr Ik verkrampfte innerlich, suchte sein bestes Schimpfwörterrepertoire zusammen und widmete es seinem immer noch auf dem Tisch stehenden Abteilungsleiter. Dann drehte er den birnenförmigen Kopf, um den Einzug der Statue zu verfolgen, wobei er in völliger Unkenntnis der Tatsache war, dass dieselbe gerade an ihm vorbei getragen wurde.

Es machte keinerlei Lärm und fand keinerlei Beachtung. Herr Ik sackte einfach zusammen und sah Sternchen, viele, viele Sternchen.

--- P a u s e - - ---------------------------------------

--- - - - P a u s e

Als er wieder zur Besinnung kam, war Herr Quetzelcotl gerade damit beschäftigt, die ausgestreckte Hand von Fräulein Rostnikow zu ergreifen und zu schütteln, das dargebotene Medaillon an sich zu nehmen und mit der freien dritten Hand siegessicher in die Menge zu winken. Herr Ik hoffte so dringend, noch zu träumen. Doch sämtliche Sternchen waren verschwunden und dies hier, so wusste er, war die grausame Realität.

Aus der Traum.

Er nahm kaum noch wahr, was diese grell geschminkte Frau da oben auf der Leinwand, die er als Madame Mishkutjonok identifizierte, von sich gab: „Blablabla .... bla .... Firmentreue .... blabla ..... neues Produkt entwickelt zum Wohle der NIXPLANETENGMBH & COKG .... bravo Herr Quetzelcotl und weiter so ...... ein leuchtendes Beispiel für alle .... blablablabla .... können stolz sein und .... blablabla.......... NIXDA ist durch unseren Vertriebsleiter Venus Unterirdisch I-III bestens eingeführt .... bla ...... ein Hoch auf Herrn Quetzelcotl, der in unserer großen NIX FAMILIE einen Ehrenplatz einnehmen soll ......bla blablablablablabla ...... bis zum nächsten Urknall weitere Umsatzsteigerungen zu erwarten sind..... bla ....und nochmals .... bla."

Sein Blick wanderte von der Projektion auf das Marmorbildnis der Königin. Es war lackschwarz, glatt und vollkommen. Aber für ihn verkörperte es nicht länger das, was es noch vor wenigen Augenblicken für ihn verkörpert hätte. Für ihn war es nur noch ein kunstvoll behauener Klumpen Lavagesteins, nicht mehr und nicht weniger.

Während er die Fischlein aus Haar und Hosenaufschlag entfernte und behutsam in ein Wasserglas gleiten ließ, kam ihm ein ganz anderes Bild in den Sinn: Eine an Körper und Geist weiche Frau, ganz ohne scharfe Ecken und Kanten. Sie trug Rüschen und Sehnsucht im Blick, und Herr Ik wusste, dass ihr Nachname Höhnlein und ihr Vorname Elfriede war.

Ohne seine Kollegen und alles, was bisher seine Welt gewesen war eines weiteren Blickes zu würdigen, drückte er die Beamtaste, das Glas mit den beiden Fischen fest umklammert.

NACHTRAG

„Du bist ja ein echter Fisch", sagte sie sanft.

„Ja, ich glaube, ich habe sogar schon Ansätze von Schwimmhäuten zwischen meinen Zehen."

„Und die Fische in deiner Hand?"

„Die sind mein Geschenk an dich, Elfriede."

„O, danke."

Herr Ik ergriff ihre kleine Hand und zog sie ganz nah heran, um sich völlig ihrem Vanilleduft und ihrer Person hinzugeben.

Ein einsamer Venusianer hatte ein Zuhause gefunden. Und alles wegen NIX.

ANHANG / BESTELLSCHEIN

Hiermit bestelle ich bei der NIXPLANETENGMBH&COKG per Nachnahme zuzüglich Versandkosten:

Artikel	Preis/Flockis
NIX Kennlernpackung	01,00
NIX Doppelpackung	25,00
NIX Dreierpackung	33,00
NIX Vorteilspackung	750,00
NIX Familienpackung	99,99
NIX Jubiläumspackung	VHB

==

Versandpauschale	79 Mio
Summe	

==

Vorname /Name:

Anschrift:

Geburtsdatum meiner Großmutter:

==

Regelgerecht ausfüllen und einem Astronauten bzw. Kosmonauten Ihres Vertrauens mitgeben. Oder bei Ihrem nächsten Spaziergang auf der Venus ins Maul einer gelben Briefkastenpflanze stopfen (hierbei Öffnungszeiten beachten).

Danksagung des Autors

Chico und Groucho Marx, ihr habt mich mit folgendem
herrlichen Dialog inspiriert:
„Der Müllmann ist da.“
„Sag ihm, wir brauchen nichts!“
Ferner danke ich meinen Bratpfannen und Töpfen.
Sie waren und sind immer für mich da.

Dem geneigten Leser wünsche ich ein gutes Gelingen
der Speisen!
Während des Verzehrs der Speisen sollte prinzipiell nicht
gesprochen oder gelesen werden. Einzige
(wünschenswerte) Ausnahme:
Die Lektüre dieses erquicklichen Buches:
>HAPPY-HUHN-HARMONISTS<
Erbauliches, Köstliches und Nützliches um ein einzig
dastehendes Quartett
ISBN 978-3-8423-4754-0